Fotos: Holger Heinke, Gerhard Wolff (S. 10)
Karte; Rainer Schwartz

Erschienen im
CoCon-Verlag Hanau,
In den Türkischen Gärten 13
63450 Hanau
Tel.: 06181/17700 Fax: 06181/181333

Die Deutsche Bibliothek - CIP-Einheitsaufnahme

Heinke, Holger:
Mit dem Rad auf Pilgerwegen: von Brauweiler/Köln nach Santiago de Compostela.; ein Tagebuch / Holger Heinke. - Hanau : CoCon-Verl., 2000
ISBN 3-928100-82-3

Holger Heinke

Mit dem Rad auf Pilgerwegen

von Brauweiler/Köln nach Santiago de Compostela

– Ein Tagebuch –

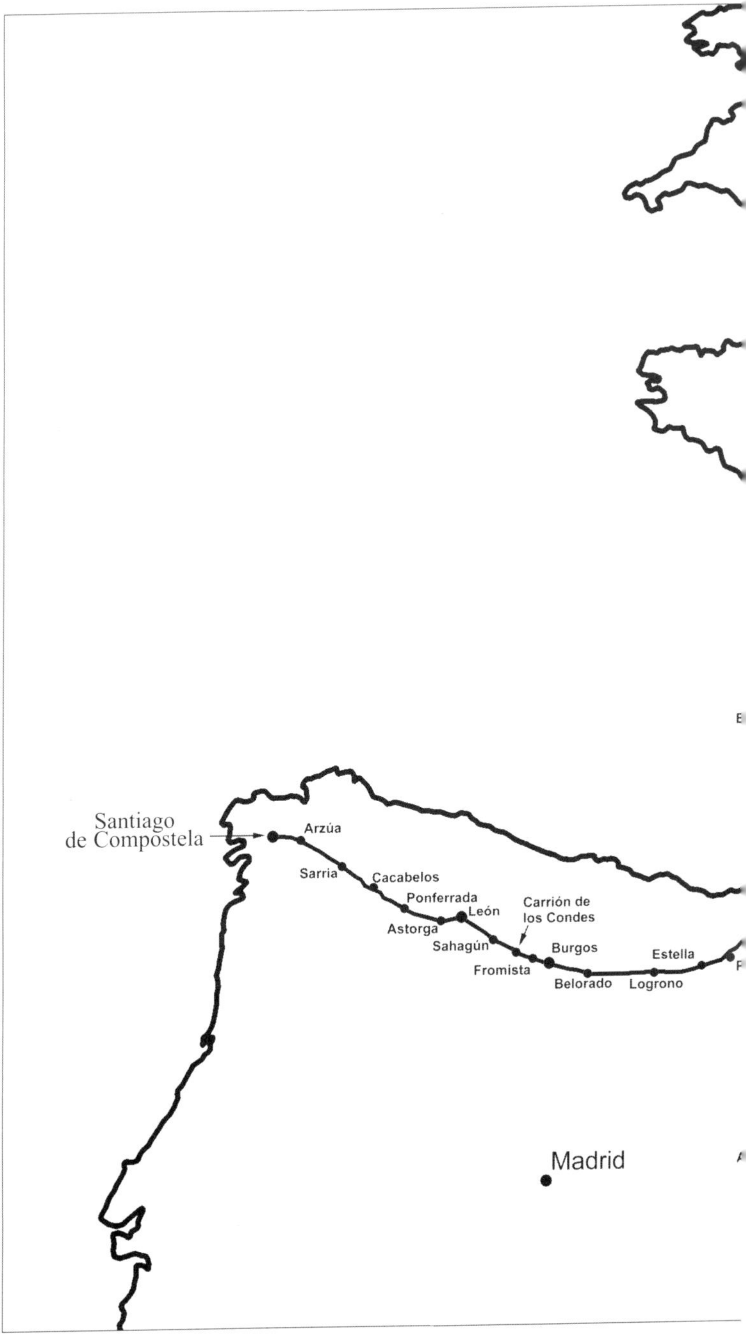
Santiago
de Compostela
Arzúa
Sarria
Cacabelos
Ponferrada
León
Astorga
Sahagún
Carrión de
los Condes
Fromista
Burgos
Belorado
Estella
Logrono
Madrid

London
Köln
Liège
Namur
Reims
Paris
CHAMPAGNE
Troyes
Auxerre
Vézelay
Nevers
eaux
Rocamadour
Le Puy
Condom
Moissac
Aire
St.-Jean-
Pied-de-Port
oncesvalles
plona
Arles
Tarragona
añiz

Etappenübersicht

Tag	Datum	Von - bis	Tages-km	Schnitt	S.
1.	25. Jul	Brauweiler - Aachen	74	17,65	10
2.	26. Jul	Aachen - Huy (B)	85	18,54	15
3.	27. Jul	Huy - Haybes (F)	105	19,99	20
4.	28. Jul	Haybes - Signy-l'Abbaye	82	18,37	25
5.	29. Jul	Signy-l'Abbaye - Reims	72	18.02	29
6.	30. Jul	Reims - Moussy (Épernay)	53	16,92	34
7.	31. Jul	M. - Romilly-sur-Seine	77	19,53	37
8.	01. Aug	Romilly-s.-S. - Troyes	40	21,52	42
9.	02. Aug	Troyes - Auxerre	89	19,39	46
10.	03. Aug	Auxerre - Vézelay	57	17,74	50
11.	04. Aug	Vézelay - Nevers	92	19,07	55
12.	05. Aug	N. - Pierrefitte-sur-Loire	92	21,39	59
13.	06. Aug	Pierrefitte - Renaison	73	16,57	63
14.	07. Aug	Renaison - Montbrison	63	18,04	67
15.	08. Aug	Montbr. - Bas-en-Basset	52	15,66	69
16.	09. Aug	Bas. - Le Puy-en-Velay	54	17,09	73
17.	10. Aug	Le Puy - Saugues	45	12,89	78
18.	11. Aug.	Saugues - Aubrac	79	17,32	82
19.	12. Aug	Aubrac - Conques	86	19,62	87
20.	13. Aug	Conques - Figeac	48	15,92	92
21.	14. Aug	Figeac - Rocamadour	60	19,56	95
22.	15. Aug	Rocamadour - Cahors	64	18,62	99
23.	16. Aug	Cahors - Pommevic	78	19,34	102
24.	17. Aug	Pommevic - Nogaro	111	17,84	107
25.	18. Aug	Nogaro - Maslacq	93	17,92	111
26.	19. Aug	M. - St.-Jean-Pied-de-Port	80	17,93	114
27.	20. Aug	St.-Jean - Pamplona	78	16,92	116
28.	21. Aug	Pamplona - Irache/Estella	54	16,01	119
29.	22. Aug	Irache/E. - Nájera	75	19,76	123
30.	23. Aug	Nájera - Burgos	90	18,66	126
31.	24. Aug	Burgos - Frómista	89	18,94	129
32.	25. Aug	Fromista - Sahagún	63	18,56	133
33.	26. Aug	Sahagún - León	56	18,83	135
34.	27. Aug	León - Rabanal	69	18,53	139
35.	28. Aug	Rabanal - Pedrafita	89	16,25	143
36.	29. Aug	Pedrafita - Portomarín	76	17,77	147
37.	30. Aug	Portomarín - Arzúa	57	17,23	151
38.	31. Aug	A-Santiago de Compostela	44	17,43	154
Gesamt:		Durchschnitt pro Tag	72	18,10	

Vorbemerkung

Wie kommt man auf die Idee, eine solche Reise zu unternehmen?

Wie so oft gab Ulrike den Anstoß, diesmal allerdings unbewußt. Sie wollte nur eine Zeitung kaufen, hatte aber „natürlich" in dem Laden „gestöbert".

Jakobusfigur

Dort fand sie in einem Magazin einen Artikel über eine Länderreise, die wir kurz zuvor absolviert hatten. Sie kaufte das Heft, und ich las dort einen Bericht über eine Radtour auf dem spanischen Pilgerweg nach Santiago de Compostela. Der Funke sprang über.

Wie bei allen Reisevorbereitungen üblich, begann ich Literatur zu besorgen und wurde von dem Angebot geradezu erschlagen. Weit über 100 Bücher zu diesem Thema fand ich allein in einer Bibliothek, im Internet über 1 000 Hinweise und sehr bald erfuhr ich auch, daß es in Deutschland mehrere Vereinigungen und Gesellschaften gibt, die sich mit der Pilgerfahrt nach Santiago de Compostela und dem Jakobuskult befassen. Wir wandten uns an die Deutsche Jakobus-Gesellschaft e. V. in Aachen und wurden Mitglied.

Je mehr wir uns in die Literatur vertieften, um so größer wurde unsere Begeisterung. Schnell kam uns daher die Überlegung, schon ab Brauweiler zu fahren. Wir verfügten über Informationen zum dichten Wegenetz der Jakobswege in Europa.

Wir hatten zuvor noch nie, auch nicht annähernd, eine solche Radtour absolviert. Zunächst legten wir daher unsere Tagesleistung mit durchschnittlich 70 km fest und fertigten dann einen Zeitplan. Sodann legten wir einen Abreisetag Anfang August fest und buchten den Rückflug ab Santiago de Compostela.

Doch dann erhielten wir den „Sternenweg", die Mitgliederbroschüre unserer Jakobus-Gesellschaft, und erfuhren so, daß es einen neuen Jakobusweg, rechtsrheinisch, über Köln - Widdersdorf - Brauweiler - Düren - Kornelimünster nach Aachen gäbe. Diesen Weg, was lag näher, wollten wir fahren. Bei unseren Erkundigungen nach der genauen Streckenführung erfuhren wir zu unserem Erstaunen, daß in Brauweiler nicht nur eine Stele vor der Nikolauskirche an der Abtei errichtet würde, sondern auch noch deren Einweihung am 25.7.99, also dem Namenstag des Heiligen Jakobus, erfolgen sollte. Wir überlegten nicht lange, für uns war klar: der Start erfolgt am 25.7.99.

Soweit die Entwicklung unseres Handelns von der Idee bis zum Entschluß. Doch waren wir auch konditionell vorbereitet? Wir meinten, ja. Wir treiben ganzjährig Sport. Im wesentlichen joggen wir etwa 4 - 5 mal in der Woche und zwar jeweils etwa 40 - 60 Minuten. Für mich summiert sich das auf etwa 30 - 50 km wöchentlich. Ulrike läuft mit dem gleichen Zeitaufwand, aber langsamer. Rad fahren wir demgegenüber selten. Auch zur Vorbereitung sind wir nur etwa 100 km gefahren.

Unsere bewährten MTB's sollten uns begleiten. Wir beauftragten unseren Fahrradhändler mit einem Generalcheck der Räder, kauften bei ihm Gepäckträger, Satteltaschen und Koffer und sollten dies noch sehr bereuen. Als Kaufmann und an technischen Dingen sehr desinteressiert, neige ich dazu, Fachleuten oder solchen, die in Fachläden stehen, zu vertrauen. Hier bedeutete dies zunächst einmal, daß ich nach der Montage des Gepäckträgers und der Satteltaschen die Pedalen nicht mehr treten konnte. Der Abstand zur Pedalkurbel war zu kurz. Das wurde dann mit einer abenteuerlichen Konstruktion beseitigt.

Wir fragten uns, was muß man, was sollte man auf eine solche Tour mitnehmen. Bei Addition aller Ratschläge und unter Berücksichtigung der umfangreichen Literatur, mindestens ein Begleitfahrzeug. Mein technisches Unvermögen, ja sogar meine Aversionen, sind schon angeklungen, dort haben wir folglich zu allererst angesetzt. Mit dem Mut zur Lücke und der Gewißheit, nicht durch menschenleere Länder zu fahren, habe ich mich über alle guten Ratschläge und Empfehlungen, einschließlich der „was ist wenn ...” Fragen hinweggesetzt. Ein wenig Flickzeug, einen Schraubenschlüssel, das war's so ziemlich.

Auch unsere anfänglichen Wäscheberge wurden rigoros ausgedünnt. Ulrike besorgte Funktionswäsche, die sich wunderbar bewährte. Trotzdem, es läpperte sich zusammen. Inklusive Verpackung kamen wir doch noch auf knapp 30 kg. Für mich etwa 20 kg, Ulrike ca. 10 kg, sie wollte auch ihren Teil tragen.

Sehr schweren Herzens sparten wir aus Gewichtsgründen auch an der Reiseliteratur. Was wir mitnahmen, hatten wir fotokopiert, teilweise sogar verkleinert, so daß wir jeden Tag nach Reisefortschritt etwas wegwerfen konnten. Immerhin „verschwanden” so nach und nach ca. 5 kg. Die „abgefahrenen” Landkarten schickten wir in zwei Raten, ebenso wie Filme, nach Hause. Auch bei der Kamera entschieden wir uns für die Leichtere.

Unsere Maxime war, anzukommen, und das sollte uns ja dann auch gelingen.

Dem „Jaköble” sei Dank dafür.

1. Tag 25.7.
Brauweiler - Aachen

Punkt 13:00 Uhr starten wir. Wenige Meter nur rollen wir abwärts, biegen rechts in die Bernhardstraße ein, jetzt müssen wir in die Pedalen treten, wir sind allein. Nach dem großen Trubel und der sich hinziehenden Verabschiedung, mit den zahlreichen Fest- und/oder Sonntagsreden, empfinden wir die plötzliche Stille besonders intensiv. Es war für uns doch sehr ungewohnt, so viel Aufmerksamkeit zu erregen und fast im Mittelpunkt zu stehen. Die Verabschiedungen von unseren Freunden und Bekannten, vorbei. Plötzlich fühle ich mich einsam und allein gelassen, habe zum ersten Mal Bedenken, daß unser Vorhaben nicht gelingen könnte, sollten wir uns doch überschätzt haben, werden wir immer ein Quartier bekommen, werden die Räder durchhalten....

Brauweiler, Einweihung der Stele und Verabschiedung

Es ist spät geworden, gut 70 km mit Bergen liegen vor uns. Die Sonne knallt vom Himmel, ist es der heißeste Tag des Jahres? Egal, jetzt gilt's! In Königsdorf der bekannte, knackige Anstieg, erster Wiegetritt. Die Räder lassen sich nicht gut fahren, ungewohnt und schwer, wie ein Auto ohne Servolenkung, werden wir uns daran gewöhnen? Bei unseren wenigen Trainingsfahrten hatten wir nur die Satteltaschen montiert und diese mit Telefonbüchern und alten Briefmarkenkatalogen vollgepackt. Da hatten wir keine Probleme. Jetzt haben wir, trotz aller Beschränkungen auf das Nötigste, schwereres Gepäck als kalkuliert, nämlich 28 kg und das Gewicht lastet ausschließlich auf dem Hinterrad.

Wir kennen die Strecke im wesentlichen, so daß wir unseren Gedanken freien Lauf lassen können. Kurz vor 10 Uhr haben wir unser Haus verlassen und, es war schon ein kleines Ritual, die Schlüssel durch den Briefschlitz zurück ins Haus geworfen. Jetzt hat unsere Reise nach Santiago de Compostela begonnen. Werden wir, und wie werden wir zurückkehren? Nicht, daß wir vorher unser Testament errichtet hätten, so wie das im Mittelalter üblich war, als man sich für Monate, Jahre auf den Weg machte und ein hoher Prozentsatz tatsächlich nicht mehr zurückkam. Der Vorfahr eines Brauweiler Bürgers, dessen Begleitbrief wir in Kopie mitgenommen haben, war sieben Jahre unterwegs, man hatte ihn schon für tot erklärt, und man mußte nach seiner Rückkehr das Erbe neu verteilen.

Vom Hause aus fuhren wir den kurzen Weg zur Abtei und Kirche. Dort wurden wir schon erwartet. Der Zeitplan sah vor, daß wir an der Heiligen Messe in St. Nikolaus, Brauweiler, teilnehmen. Unmittelbar anschließend daran sollte vor der Kirche die Stele des neuen Jakobusweges, in Verbindung mit einigen Ansprachen und der kirchlichen Weihe, enthüllt werden. Der Kirchenchor sollte singen und die Radpilger, wir beide also, mit kirchlichem Segen verabschiedet werden. Der Deutschlandfunk strahlte zeitgleich eine Sendung zum Thema Jakobswege aus, und man hatte uns gebeten, zu einem Interview zur Verfügung zu stehen. So sahen wir uns mit mehr Aufmerksamkeit bedacht als uns recht war.

Wir wurden in der ersten Reihe der Kirche plaziert und machten uns Gedanken, ob uns, die wir ja nicht einmal Mitglieder sind, dies nicht als unrechtmäßig ausgelegt wird. Zwar hatten wir die Organisatoren nicht im Unklaren gelassen, aber das dürften ja nicht alle Kirchenbesucher wissen. Aber die Atmosphäre war so freundlich, daß wir glauben, niemanden verletzt zu haben. Die Bürgermeisterkandidaten klopften uns auf die Schultern, lächelten freundlich, na man kennt sich eben, und der Wahltermin ist auch nicht weit. Die Presse fragte nach dem warum und wieso. Der Pfarrer sprach eloquent und locker, er gefiel uns sehr gut. Ulrike war ganz gerührt. Es waren gute, gehaltvolle Reden, ein wenig Reklame auch, selbstverständlich, aber alle Redner hatten sich doch sehr mit dem Thema befaßt. Der Chor sang sehr schön. In der Kirche hatte ich versucht, ein wenig mitzusingen, hoffentlich hat es keiner gehört. Vom Abschiedslied weiß ich nur noch den jeweiligen Strophenbeginn, er lautete: „In Gottes Namen fahren wir...”. Ob wohl jemand: „In Gottes Namen fahrt nun” gesungen hat? Wir wären auch gerne gestartet, aber das Interview im DLF sollte zum Ende der Rundfunksendung erfolgen, und so warteten wir,

“KKK” = Kornelimünster, Korneliusmarkt, Kaffeepause

umgeben von etlichen Freunden, bis zu unserer Befragung und der Verabschiedung mit dem Läuten unserer Fahrradglocken.

Nun begleiten uns viele gute Wünsche, ein schönes Gefühl, doch wir spüren auch, daß wir ein wenig in die Pflicht genommen sind. Was wäre, wenn wir nach einer Woche mit Knie- oder anderen -beschwerden aufgeben oder wegen einer Krankheit zurückkommen müßten.

Wir wollen so etwas erst gar nicht denken, jetzt sollten wir erst einmal tüchtig trinken, denn es ist unangenehm heiß und noch ein gutes Stück bis Aachen. Ich hetze, werde unbewußt schneller, will wohl, ohne daß ich mir dessen bewußt bin, Zeit gutmachen, zumal wir auch noch bergiges Gelände vor uns haben. Ulrike überfordert sich, klagt schon nach gut 20 km. Wir haben unseren Rhythmus noch nicht gefunden.

Doch nach einer schönen und langen Kaffeepause im idyllischen Kornelimünster sowie einem beruhigenden Blick auf die Uhr und den Kilometer-Zähler fahren wir erleichtert weiter und erreichen unser Hotel doch schon um 18:30. Unsere Streckenkenntnis hat sich gelohnt. Wir mußten uns nicht orientieren und fuhren so angenehm auf verkehrsarmen Wegen ohne Umweg.

Das Hotel liegt ausgesprochen günstig für unsere morgige Weiterfahrt. Wir haben ein ruhiges Zimmer erhalten, so daß wir, bei immer noch über 25 Grad, bei offenem Fenster schlafen

Breinig, Denkmal geschützter Hof

können. Im Hinterhof entdecken wir einen ehemaligen Löschteich, der nun für Wildenten, mitten in der Stadt, ein kleines Paradies geworden ist.

Wir haben einen schönen, wenn auch anstrengenden Tag verlebt. Es war ein schöner Auftakt, nur mein Rad macht uns Sorgen. Es flattert, d. h. es ist so ungünstig beladen, daß ich fürchte, der Rahmen wird dies nicht lange durchhalten. Steuern läßt es sich auch nur sehr schwer. Das gesamte Gepäck lastet auf dem Hinterrad und zwar mit dem Schwerpunkt hinter der Achse. Will man das Rad, am Sattelrohr angefaßt, heben, muß man den Lenker kräftig herunterdrücken. Was tun?....

Tageskm: 74
Durchschnitt: 17,65 km/h

Streckenverlauf:
Brauweiler – Königsdorf - B 55, Horrem - Kerpen - B 264, Blatzheim - Golzheim - Düren - Gürzenich - Schevenhütte - Krewinkel - Fleuth - Vicht - Breinigerberg - Breinig - Breinigerheide - L 12, Kornelimünster - Hitfeld - K 5, Aachen
Karten: ADFC-Radtourenkarte, Blatt 15 und Wanderkarte, Rureifel / Hohes Venn

2. Tag 26.7.
Aachen - Huy (Belgien)

Wir müssen „Low-Rider", d. h. Gepäckträger und -taschen für mein Vorderrad kaufen. Ich bin sicher, daß ich mit dem Rad sonst nicht weit kommen werde. Noch sind wir in Deutschland und es ist Montag. Die Gelben Seiten sind schnell nach Fahrradläden durchsucht, die Wirtin befragt. Nach dem Frühstück bin ich alleine losgefahren, Ulrike wird sich um den ersten Stempel für unsere Pilgerpässe bemühen.

Ein Fahrradladen öffnete schon um 9:00 Uhr. Mein frühes Erscheinen ist beim Herausstellen der Räder offensichtlich störend, und mit konkreten Kaufabsichten will man sich wohl auch noch nicht befassen. Zumindest erfahre ich, daß man in den letzten Wochen so viel verkauft habe, daß jetzt kein passender Träger mehr verfügbar sei und im übrigen müsse der Träger mit Schellen angebracht werden, was ein Problem darstelle, ich solle bei einem anderen Laden versuchen. Wo? Ja, das wäre schwierig. Ich mache mich also auf die Suche und scheine bei meinem zweiten Versuch mehr Glück zu haben. Obgleich der Laden erst um 10:00 Uhr öffnen sollte, kam der Chef schon um 9:30 Uhr. Aber er will erst frühstücken. Einen

Heute muß man sich eben für einen Low Rider das Maul zerreißen. (Jakobuskirche, Aachen)

Träger und passende Taschen hätte er wohl, aber an eine Montage sei nicht zu denken. Am Samstag habe er so viele Räder verkauft, daß seine beiden Gehilfen nur „schrauben, schrauben" müßten.

Immerhin gelingt es mir, ihn zu überreden, die Träger doch schon herauszugeben, damit ich mit der Selbstmontage beginnen könne. Dazu muß, welch Aufwand, die Lagertür aufgeschlossen und die Alarmanlage abgestellt werden, ich liege geistig auf den Knien. Nach einer Viertelstunde Rumoren im Lager kommt dann die vernichtende Botschaft, daß doch kein Träger vorhanden sei, aber der nächste Laden wäre gleich um die Ecke und auch gut sortiert. Ich wünsche ein gutes Frühstück und erreiche Laden Nummer Drei sogar noch vor 10:00 Uhr. Dort muß ich nicht lange warten. Ein Verkäufer kommt, hört sich meinen Wunsch schweigend an und bringt sogleich einen Träger. Bin ich am Ziel? Für die benötigten Tragetaschen kann ich sogar zwischen zwei Systemen wählen. Einzig die Montage könne er erst beginnen, wenn sein Kollege gekommen sei. Dieser kommt dann auch bald, fährt aber zunächst einmal mit einem MTB auf Probefahrt. Der Kunde hatte Knackgeräusche im Lenkerbereich reklamiert. Das kann man auch durch einfachen Druck auf den Lenker und die Federgabel bestätigt finden. Woher die Geräusche kämen oder wie diese sogar abzustellen seien, das weiß der Kollege auch nicht. Der Kunde bekommt immerhin einen Termin für die nächste Woche, da sei nämlich der Chef wieder da. Zwischenzeitlich will ich dann schon mal den Träger und die Taschen bezahlen, das geht aber nicht. Die Preise sind nirgends zu finden. Meinen leisen Einwurf: „Vorsicht, Kunde droht mit Auftrag" versteht man ganz offensichtlich nicht. Ich nahm mich wieder zusammen, zücke meinen Personalausweis und Geld und bitte, mein Geld und die Adresse entgegenzunehmen und mir gegebenenfalls noch eine Restrechnung zu übersenden. Es klappte, in fünf Minuten hatte ich meine Quittung. Jetzt muß nur noch der Träger montiert werden, es war ja schon fast 11:00 Uhr. Doch nun erweisen sich die mitgelieferten Schrauben als zu kurz, andere Schrauben sind nicht zu finden. Ich gab auf, forderte mein Geld zurück und suchte den nächsten Laden.

Auch dieser Laden hat wieder Träger und Taschen zur Verfügung. Der Monteur wird befragt, ob er willens und in der Lage sei, die Montage sofort zu beginnen und mit der kalkulierten Zeit auskommt, er nickt.

Zwar fehlen dann doch wieder Halter, „obwohl in der EDV noch sechs mal vorhanden", gemäßigtes Chaos, ich schiele zum Monteur. Ob ich mit meiner Kreditkarte bezahlen könne, frage ich. Klar, ginge das, nur nachher klappt es eben dann doch nicht. Um 12:00 Uhr bin ich wieder bei Ulrike im Hotel, erfolgreich, aber doch reichlich genervt.

Ulrike war von den Damen des Hauses fast schon adoptiert worden und kann mir auf unseren ersten Kilometern die Familienverhältnisse ziemlich genau erklären. Ich weiß nur noch, daß eine Dame die Frühstücksmarmelade selber macht, mir hatte sie trotzdem nicht besonders geschmeckt.

Wir packen um. Nun sind wir doch sehr erleichtert und froh, und ich kann noch etwas Gepäck von Ulrike übernehmen. Kurz vor 13:00 Uhr starten wir. Den geplanten „würdigen" Abschied vom Karlsschrein, dem Münster und dem Postwagen haben wir nach meiner (Tor)-tour durch die Fahrradläden gestrichen. Ulrike ist auch erfolgreich, sie besorgt im Pfarrbüro der Jakobuskirche, einen schönen Stempel.

Nun können wir uns wieder auf unsere Reise konzentrieren.

Wir fahren auf der Lütticher Straße und dann, leicht bergan, auf dem ruhigen Preusweg in den Wald zur belgischen Grenze. Vorbei an einigen Betonklötzen der „Höckerlinie", Panzersperren des Westwalls, nachdenklich stimmende Relikte des Zweiten Weltkrieges. Wir bemerken kaum, daß wir die Grenze überfahren hatten. Wir erreichen auf einer Schotterstraße Moresnet, vorsichtig abwärts fahrend. Etwas ungewohnt ist uns das Fahrverhalten der Räder noch. Wir fahren auf dem Jakobsweg durch die Provinz Lüttich. Bald entdecken wir auch die ersten Kennzeichnungen am Weg. Sporadisch nur, aber wir freuen uns über die Zeichen „unseres" Weges.

Eine hügelige Strecke, die uns, da sie weitgehend auf den Bergrücken verläuft, schöne Ausblicke über das sonnige Land gewährt.

Vor Lüttich stärken wir uns mit Pommes Fritten und Cola, landestypisch, aber es hätte auch nichts anderes gegeben. Wir ignorieren das Fett und genießen die Kohlehydrate. Lüttich nervt mit starkem Verkehr, wir driften kurz an die Ourthe ab. Nach wenigen Kilometern haben wir unsere richtige Strecke wiedergefunden und die unschönen Industrieanlagen hinter uns gelassen.

Wir radeln wieder allein auf einem breiten Leinpfad mit schönen Ausblicken längs der Maas. Bei einem Erfrischungsstopp entdecken wir wieder, daß Bier und Cola bei der herrschenden Hitze und unserem Flüssigkeitsbedarf ein vorzügliches Getränk ist. Damit belohnen wir uns auch an unserem Tagesziel, das wir um 19:00 Uhr in Huy erreichen. Nach unserem kleinen Stadtrundgang und Abendessen ist unsere Hotelgaststätte bereits geschlossen. Wohl oder übel verkrümeln wir uns auf unser Zimmer. Ein wenig bänglich ist uns immer noch, obwohl wir uns Mut machen, ca. 6 % der Gesamtstrecke haben wir immerhin schon geschafft...

Die Jakobsmuschel am Jakobsweg in Belgien

Tageskm: 85
Durchschnitt: 18,54 km/h

Streckenverlauf:
Aachen – Lütticher Str. - Preusweg - Grenze D/B - „Bittweg" - Moresnet-Chapelle - Moresnet - Montzen - Henri-Chapelle - Thimister-Battice - Herve - Beyne-Heusay - Liège /Lüttich am rechten Ufer der Meuse / Maas - Huy
Karten: Wanderkarte, Rureifel/Hohes Venn und Straßenkarte
Broschüre: Le Chemin de Saint-Jacques de Compostelle dans la Province de Liège

Lüttich, ein herziger Einblick

An der Maas bei Lüttich

3. Tag 27.7.
Huy - Haybes (Frankreich)

Wecken um 7:00 Uhr. Wir haben schlecht geschlafen. Die ganze Nacht über ließ der Straßenverkehr auf der Uferstraße, unmittelbar vor unserm Hotel, nicht nach. Obwohl unser Zimmer nach hinten lag, wurde der Lärm nur gedämpft.

Wir müssen das Verpacken unserer Utensilien noch etwas üben. Noch ist nicht alles an seinem optimalen Platz, wir werden das perfektionieren. Ulrike hat alles schön nach dem Prinzip „Zwiebel", also Plastik in Plastik, verpackt. Vier große Plastiktüten füllen die Satteltaschen. Das ist insoweit wichtig, weil wir die Satteltaschen auf die Gepäckträger montieren mußten und ein Ab- und Anbau täglich mindestens eine halbe Stunde Zeit benötigen würde. So sind die Satteltaschen mit je einem Griff geleert und die Plastiktüten dank einer Kordel leicht geschultert. Viel einfacher ist es mit den Taschen am Vorderrad. Ein Griff und sie sind angeklickt und ebenso leicht auch wieder abgenommen. Die beiden Koffer auf den Satteltaschen sind glücklicherweise leicht zu de- und montieren.

Ulrike nimmt die Plastiksäcke an langen Schnüren über die Schulter, dazu unsere beiden Labeflaschen. Apropos, schöne Tüten mit einem Sternenmuster. Wir sind ja auch auf dem Sternenweg. Ich folge mit den zwei Low-Rider-Taschen und den zwei Koffern. Ulrikes Koffer ist leicht und fast leer. Mein Koffer ist auch relativ leicht und enthält die möglicherweise im Laufe des Tages benötigten Sachen, wie Karten, Regensachen, Verpflegung etc.

Wir starten um 8:30 Uhr ohne Frühstück mit strahlendem Sonnenschein, es ist noch angenehm kühl. Wir wollen erst einige Kilometer hinter uns bringen und uns dann einen Frühstücksplatz suchen. An der Provinzgrenze nach Namur passieren wir eine Hinweistafel auf den Jakobsweg. In Andenne versorgen wir uns und finden kurz darauf das erwünschte schöne Plätzchen für unser Frühstück an der Maas. Wir beobachten, wie am anderen Ufer ein Hund seinem im Auto sitzenden Herrchen hinterher hetzen muß. Na, vielleicht hat der Hund Übergewicht. Ob wir wohl abnehmen werden? Nach unserem üppigen Käse- und Schinkenfrühstück wohl kaum. Wir schwingen uns wieder auf die Räder und genießen die Fahrt entlang der Maas.

Andenne, am Jakobsweg und Partnerstadt von Bergheim

Namur kommt und bleibt schnell hinter uns zurück.

Wir verlieren eine Stunde und unsere gute Laune, weil wir auf unser Mittagessen warten. Dann schmeckte es uns gar nicht, lag wie Blei im Magen und hat noch ein Loch in unsere Kasse gerissen. Wir buchen das auf das Konto Erfahrung und gönnen uns dafür in Dinant eine schöne Kaffeepause. Dort wechseln wir auch auf das linke Ufer der Maas und genießen das Panorama des kleinen Städtchens. Zur Festung hinter der Stiftskirche führt eine Gondelbahn, wir nehmen uns vor, noch einmal ohne Räder wiederzukommen. Zuvor hatten wir uns an den Felsformationen zu beiden Seiten des Ufers erfreut. Mehrmals sahen

wir Bergsteiger, mit Seilen abgesichert, klettern. Der Verkehr ist lebhaft, aber die Autofahrer, insbesondere die Lastwagenfahrer, sind sehr rücksichtsvoll. Wir halten am Freyeyrer Schloß, werfen einen Blick in die Gärten und denken an die restlichen Kilometer.

Die französische Grenze ist nicht mehr weit, in Sichtweite trinken wir noch ein letztes Bier mit Cola. Den Grenzübergang erkennen wir auch hier nur an den öden und ungenutzten Zollgebäuden, kein Beamter ist weit und breit zu sehen. Komisch, wir fühlten uns beide an die Zeiten der „Vorvereinigung" und die elenden, demütigenden Unsicherheit und Haß schürenden Grenzkontrollen erinnert. Ob für uns das Wort Grenze noch lange so negativ besetzt sein wird?

In Givet, dem ersten französischen Örtchen, fahren wir erst einmal zur Bank. Wir wollen unsere Kreditkarte testen. Müssen wir die Reise abbrechen, wenn der Automat die Karte schluckt und wir kein Geld bekommen? Doch alles geht super easy! Wir kommunizieren sogar in deutsch und erhalten, wie gewünscht, 2.500 FF. Na, bitte, wieder eine Sorge los.

In Vireux wechseln wir wieder auf das rechte Ufer und einen fast verkehrsfreien Weg. Traumhafte Kilometer, ich pushe mich noch ein wenig mit einem jugendlichen MTB-er, Ulrike kommt locker nach.

Wir erreichen gemeinsam das Hotel um 17:15 Uhr und machen uns sogleich auf den Weg, um einen kirchlichen Stempel für unsere Pilgerausweise zu erhalten. Dabei müssen wir allerdings feststellen, daß dies gar nicht so einfach ist. Bereitwillig schließt man uns zwar die Kirche auf und wir erfahren, daß diese wegen der mutwilligen Beschädigungen nicht mehr ständig geöffnet bleiben kann. Die Kirche ist ärmlich. Im Deckengewölbe sind große Risse, wir legen die Stirnen in Falten, wiegen die Köpfe. Die Maas sei schuld, erklärt man uns. Einen Stempel haben wir nicht erhalten, wir werden den Hotelier bitten.

Oben: Dinant, Stiftskirche und Festung
Unten: Rathaus, Vireux-Wallerand (F)

Rathaus, Haybes

Wir essen im Hotel und sind über den regen Besuch überrascht. Ein letztes Bier, wir steigen auf einer Hühnerstiege unters Dach, es ist noch heiß. Wir haben mächtig Sonne bekommen und müssen uns pflegen. Einige Jugendliche testen die Lärmentwicklung ihrer Mofas ohne Schalldämpfer, doch dann kehrt Ruhe ein, der Mond sieht schweigend zu...

Tageskm: 105
Durchschnitt: 19,99 km/h

Streckenverlauf:
Huy – am rechten Ufer der Meuse / Maas - Andenne - Namur - Dinant -
Wechsel auf das linke Ufer der Meuse / Maas - Givet (F) - Vireux-Wallerand -
wieder am rechten Ufer der Meuse / Maas - Haybes
Karten: Straßenkarte und Serie verte (1:100.000), Blatt 5

4. Tag 28.7.
Haybes - Signy-l'Abbaye

Ein strahlender Morgen begrüßt uns. Nach einem spartanischen Frühstück starten wir um 8:30 Uhr. Künftig werden wir ohne Frühstück abfahren und erst nach 1,5 bis 2 Stunden essen, hungrig sind wir ohnehin noch nicht. Zu Hause laufen wir morgens auch nüchtern. Da wir gemütlich fahren wollen, wird uns unsere Labeflasche völlig reichen. Insgeheim erhoffen wir uns, daß wir damit auch noch etwas für unsere Figur tun, da wir am Abend zuvor zumeist gut essen und trinken. Außerdem können wir die kühlen Morgenstunden nutzen und fahren in einer verkehrsärmeren Zeit.

Wir suchen und finden einen Weg direkt an der Maas. Wunderschön, aber mehr ein Pfad, ein single track, als ein Feldweg, teilweise matschig und nur wenige Zentimeter vom Ufer entfernt, fast auf gleicher Höhe mit der aufgestauten Maas. Doch das Erlebnis lohnt es.

Weiter nach Monthermé, das wir auf einem asphaltierten Treidelpfad erreichen.

An einem der zahlreichen Schleusenhäuschen gönnen wir uns ein üppiges Frühstück mit Brot, Käse, Schinken und Apfelsaft. Die Schleusen arbeiten vollautomatisch. Vor den Schleusen wird durch einen oft mehrere hundert Meter langen Kanal die Maas geteilt. Beim Nahen eines Schiffes öffnen oder schließen sich, je nach Bedarf, Sensor gesteuert, die Schleusentore. Auch zum Schließen der Schleusentore muß lediglich ein Knopf gedrückt werden. Wir beobachten einen Lastkahn, der stromabwärts fährt. Wir bewundern den Schiffer, mit welcher Präzision er seinen Kahn in die Schleusenkammer steuert. Rechts und links bleiben wohl nur etwa je 20 cm und in der Länge auch nur wenige Meter in der Schleuse Platz. So wie es uns scheint, bedarf es nur präziser Fingerarbeit, um das Schiff mit einer Hand zu steuern, eine „sitzende Tätigkeit". Die Schiffersfrau muß etwa 10 Meter auf dem Schiff zu einem Knopf an der Schleusenmauer gehen und diesen drücken, um das Schließen der Tore zu veranlassen. Das nicht angeleinte Kleinkind quengelt die ganze Zeit. Wir machen uns unsere Gedanken, vielleicht ein beschauliches Dasein, aber mit Sicherheit nichts für uns. Dagegen wäre uns das eine oder andere der durchweg idy-

Oben: Rast am Schleusenwärterhäuschen bei Monthermé
Unten: Charleville-Mézières, Place Ducale

llisch gelegenen Schleusenwärterhäuschen, die fast alle noch bewohnt sind, als Wochenendhäuschen schon recht gewesen.

Nach Charleville-Mezieres müssen wir uns über eine waldige, für den Verkehr gesperrte Straße hoch quälen, um dann in sausender Abfahrt nochmals auf die Maas zu treffen.

Den Place Ducale in C.-M. genießen wir bei einer Kaffeepause. Ein eindrucksvoller, schöner Platz, die stattlichen Gebäude besitzen Arkadengänge, wieder kommen wir ins Sinnen. Welche Zeiten haben diese Häuser gesehen, welche Geschichten könnten sie erzählen?

Wir müssen uns losreißen. Bei 33^{0} Grad im Schatten fließt der Schweiß reichlich, so sind wir dankbar, daß uns ein undichtes Tankfahrzeug auf einigen Kilometern den Asphalt abkühlt. Die armen Kühe, für die das Wasser bestimmt war, haben nun weniger zu saufen. Die Kühe auf den Weiden sind über und über von Fliegen übersät, zudem schwirren ganze Wolken über den Herden, so haben wir das noch nie gesehen. Wir fahren durch Weideland, sanft ansteigend, auf wenig befahrener Straße. Hecken begrenzen die überschaubaren Felder, uns gefällt das besser als die Großflächen, die nach den Flurbereinigungen entstanden sind. Am höchsten Punkt unserer Strecke belohnen uns kühlender Wald und ein neu eingerichteter Picknickplatz. Wir strecken die Glieder aus und freuen uns auf die Abfahrt. Ulrike fährt, einmal mehr, die höhere Spitzengeschwindigkeit, der Computervergleich läßt keinen Zweifel.

Wir erreichen unser Hotel gegen 15:00 Uhr. Es ist ein schönes Haus mit reichem Blumenschmuck. Schon bei der Ankunft und der gemeinsamen Suche nach dem Zimmerschlüssel fühlen wir uns fast wie in die Familie aufgenommen. Wir erfahren, daß der Patron kocht und lassen uns daher selbstverständlich einen Tisch reservieren.

Das heute verträumte Örtchen hat eine große Vergangenheit. Von der im 12. Jahrhundert gegründeten Zisterzienser-Abtei sind nur wenige Mauern stehen geblieben. Frisch geduscht und doch gleich wieder verschwitzt, gehen wir auf Besichtigungstour. Unsere Unterlagen berichten von glanzvollen Zeiten, wir entdecken nur noch einige wenige Ruinen. Ein besonders erwähnenswertes Steinkreuz ist verschwunden, wir finden es nur mühsam an seinem neuen Standort.

Signy-l'Abbaye

Heute dominieren der Sportplatz und ein riesiger Campingplatz.

Der Patron hat übrigens bestens gekocht, wir sind entspannt und glücklich und unsere erste Flasche Wein haben wir auch geköpft...

Tageskm:	82
Durchschnitt:	18,37 km/h

Streckenverlauf:
Haybes - Zur Brücke, auf dem Leinpfad am rechten Ufer der Maas bis Fumay, über die Brücke nach Fumay, auf der D 988 nach Revin, nach der Maasbrücke links auf der D 1 Richtung Deville / Monthermé (Fahrt am rechten Maasufer). Vor erneuter Flußüberquerung, rechts ab auf kleinem Weg hinunter zur Maas, nach links auf asphaltiertem Leinpfad bis Monthermé. Weiter D 1, rechts der Maas bis Comm. De Bogny-Sur-Meuse, Brücke über die Maas, D 1, Anstieg und Abfahrt nach Nouzonville, D 1 bis Charleville-Mézières. Richtung N 51, Reims nach Maasüberquerung, rechts D 16, Warcq, links D 16, This, Neuville, Anstieg Wald, Abfahrt Thin-le Moutier, D 2, Signy-l'Abbaye.
Karte: Serie verte, Blatt 5

5. Tag 29.7.
Signy-l'Abbaye - Reims

Um 8:20 Uhr starten wir ohne Frühstück. Eine schöne Strecke auf ruhiger, aber sehr rauher Straße mit kurzen und knackigen Anstiegen von über 10 %. Die Hitze steigt, in Rethel haben wir schon um 10:00 Uhr 27°. Wir suchen ein kühles Plätzchen für unser Frühstück und finden dies auf freiem Feld im Schatten eines Walnußbaumes. Wir sehen viele Walnußbäume am Wege. Alle tragen tüchtig und dicke Nüsse.

Wie sehr ich doch Walnußbäume liebe, mußte da der mir von Ulrike geschenkte Walnußbaum wegen der Staunässe in unserem Garten eingehen? Haus bauen, Baum pflanzen, Sohn zeugen... Gedanken in der prallen Sonne, aber ohne Sonnenstich, mit dem Baum könnten wir ja doch noch einen zweiten Versuch wagen. Dann könnten wir nach ca. 10 Jahren Nüsse vom eigenen Baum sammeln, der Sammler in mir regt sich, aber lohnt das noch? ...

Wir wundern uns, daß die wenigen Zuckerrübenfelder trotz seit Tagen anhaltender Hitze und der

Oben: Kreuz an der Römerstraße nach Reims
Unten: Auf der Römerstraße nach Reims

Schattenspiele, Aliens unterwegs?

offensichtlichen Trockenheit noch ganz ordentlich stehen, auch wenn die Rüben nicht sehr groß aussehen. Gestärkt und vor allem „getränkt", die Wespen kamen erst zum Schluß, machen wir uns wieder auf die Strecke. Ich glaube, es war kurz vor Roizy, einem 200-Einwohner-Dorf, als mich auf glatter, ebener Straße das unverwechselbare Geräusch einer brechenden Speiche aufschreckte. Natürlich war die Speiche auf der Ritzelseite gerissen. Ersatzspeichen hatte ich, am Rahmen befestigt, mitgenommen. Wir haben diese mit Leukoplast befestigt, das gibt dem Rad so einen gewissen Out-Door- ouch, fand ich, vor allem aber konnten uns so die Ersatzspeichen keine Löcher in die Gepäcktaschen piksen. Zunächst versuche ich dem eiernden Hinterrad durch Lösen der Bremse etwas Luft zu verschaffen. Das geht aber nicht, denn sie ist bis zum Anschlag eingestellt. Ich hätte sie also nur öffnen können, um mit einer Bremse weiter zu fahren, aber das will ich auch nicht. Also entscheide ich mich für das Schleifen der Bremse und buche dies auf Konditionstraining ab. Ulrike macht sich da mehr Sorgen als ich.

Vor Reims habe ich auf der Landkarte eine schnurgerade römische Straße ausgemacht, diese wollen wir trotz Eierrad unbedingt fahren. Vielleicht weht uns ja der Hauch der Geschichte an. Wir finden sie und fahren auf dem heute unbefestigten Feldweg. Schon von weitem, ca. 10 km, sehen wir die charakteristischen Türme der Kathedrale von Reims.

Filme mit römischen Soldaten laufen vor unserem geistigen Auge ab. Wir rechnen die Zeiten für einen Fußmarsch und sind doch ganz froh, als wir, an einer Go-Kart-Bahn vorbei abwärts rollend, Reims schneller näher kommen.

Genau zur Ladenöffnungszeit um 14:00 Uhr fahren wir am ersten Fahrradladen vorbei. Der Inhaber öffnet uns und hat auch Zeit für unser Problem. Im Handumdrehen ist die Speiche erneuert. Doch leider ist da noch etwas zu berichten. Wir erfahren nämlich, daß unsere Räder mit ihren 32 Speichen gar nicht für eine solche Tour geeignet seien. 40 Speichen sollten die Räder haben. Doch was viel schlimmer sei, erklärte uns der nette Herr, die Hinterradfelge sei total verbraucht. Gutes, sehr gutes Material sogar, aber nach mehr als 10.000 km Fahrleistung so verschlissen, daß die Felge keine 1000 km mehr halten würde. Wir hatten aber mal gerade 400 km geschafft, also noch über 2.000 km vor uns. Was tun? Eine neue Felge ist nicht auf Lager. Monsieur M., der übrigens als Mechaniker für verschiedene Profis gearbeitet hatte, wie er uns an Hand seines reich dekorierten Verkaufsraumes erläutert, umwickelt alle Speichen an ihren Kreuzungspunkten mit einem Spezialdraht und verschweißt dann alle Verbindungen sorgfältig. Im übrigen rät er, die Hinterradbremse möglichst wenig zu benutzen. Daran will ich mich halten. Nach einer Stunde können wir weiterfahren. Erleichtert ob der schnellen, guten, professionellen Reparatur aber auch nachdenklich und ärgerlich über meinen Fahrradhändler, der von unserem Vorhaben genau unterrichtet war und für mehrere hundert Mark Reparaturen und (nötige?) Erneuerungen vorgenommen hatte. Aber das hilft uns jetzt nicht weiter, ich schwinge mich auf mein Rad, es knackt hinten, ich sehe erschreckt nach unten, Monsieur M. ruft, das ist normal. Ich glaubte ihm, merci...

Oben: "Das Lächeln Europas". Gotischer Figurenschmuck am Nordportal der Kathedrale in Reims
Rechts: Reims, Kathedrale und Zentrum der Champagne

Tageskm: 72
Durchschnitt: 18,02 km/h

Streckenverlauf:
Signy-l'Abbaye - D 2 Lalobbe - D 102 Wasigny - D 10 Sery - D 10 Arnicourt, Sorbon, Rethel. Richtung Reims, nach der Brücke über den Kanal, rechts D 18 Avancon, D 150 Roizy D 50, D 74 Boult-sur-Suippe. Nach der Anhöhe ein Wegkreuz, nach links zum, geradeaus nach Reims führenden Feldweg. Einmündung in D 74 geradeaus nach Reims.
Karten: Serie verte, Blatt 5 und 10

Unser Hotel in Reims liegt sehr zentral, wir finden es auf Anhieb. Schnell waren wir „landfein" gemacht und beginnen mit der Stadtbesichtigung. Es gibt viel, zu viel zu sehen, die Kathedrale, die Jakobuskirche, alles erledigen wir im Schnelldurchgang. Wir haben bei weitem nicht die Zeit, die wir benötigten, werden wir uns überhaupt erinnern können?

Dann denken wir an die Kohlehydrate, gehen zu einem Italiener essen, eine Enttäuschung, aber ein paar Häuser weiter gibt es wunderbares dunkles Bier. Das schmeckt uns vorzüglich und die vorübergehenden Leute werden für uns immer ulkiger...

6. Tag 30.7.
Reims - Moussy (bei Épernay)

Start um 8:30 Uhr aus der noch kühlen, verkehrsarmen Stadt, den Weinbergen entgegen. Die Champagnerroute, der wir folgen, erinnert uns sehr an die Pfalz. Eine liebliche Landschaft mit sanften, grünen Rebenhängen, nur hier heißen die Weingüter eben Champagnergüter. Wir müssen ganz schön schwere Arbeit auf dem Rad leisten, die Rebenhänge rauf, runter, rauf, wir müssen etliche Täler queren. „Wiege des Champagners" haben wir gelesen, für uns heißt das erst einmal im Wiegetritt fahren. Wir radeln bis Rilly-la-Montagne, dort schlaffen wir zum Frühstück ab, die Kirche spendet Schatten. Schon wird es wieder brütend heiß. Nach unserer ausgiebigen Pause sind wir wieder frisch und gestärkt und genießen die herrlichen Ausblicke über das Rebenmeer auf der Fahrt bis Verzy.

Viele Rosen blühen in den Dörfern und am Rande der Weinberge. Früher wurden die Rosen zur Schädlingsbekämpfung angepflanzt. Heute dienen sie nur noch der Verschönerung.

Chigny-les Roses macht insoweit seinem Namen alle Ehre, natürlich erhält Ulrike eine Rose als Lenkerschmuck. Soviel Kavalier muß sein. Wir wundern uns über die Windmühle bei Verzenay, aber nicht über die prachtvollen Villen.

In Verzy, zuvor haben wir noch den nach unserer Auffassung etwas befremdlich in der Landschaft stehenden Leuchtturm bestaunt, entschließen wir uns, den Korkenzieherbuchenwald anzusehen. Dazu müssen wir aber auf den Berg Sinai. Den gleichnamigen Berg in Israel kennen wir nicht, aber dieser hier war brutal steil und bewaldet. Doch vor lauter Bäumen haben wir die Korkenzieherbuchen nicht gefunden. Trotz intensiver Suche und dem Anfahren mehrerer Parkplätze. Wir wollten unsere Räder allerdings auch nicht unbewacht an einem Waldparkplatz zurücklassen. Schade, diese einzigartige botanische Rarität blieb uns verborgen. Wir entschädigten uns mit einer sausenden Abfahrt nach Louvois. 100 % Primeur Cru sehen wir auf großen Tafeln annonciert und widerstanden doch den zahlreichen Einladungen in die Champagnerkellereien zur Dégustation.

Oben: Berühmte und weniger bekannte Namen...
Unten: "Wiege des Champagners"

Unsere Kehlen werden trocken, flüssig wird der Asphalt. Doch unser Hotel ist nahe und damit auch eine erholsame Dusche. In unserem Zimmer riecht es nach Asphalt, das Vordach ist geteert und die aufsteigenden Dämpfe haben wir im Zimmer. Wir hoffen auf die Nachtkühle und flüchten ins Freie. Im Örtchen ist absolut tote Hose, keine Bar, nichts. Wir fühlen uns nicht wohl in dem unordentlichen Hotel mit seinem unfreundlichen Inhaber, der einen Anrufer mit der Bemerkung brüskiert, daß er eben nicht englisch spräche, aber dafür perfekt französisch. Doch er kann es sich ja wohl leisten, das Haus ist ausgebucht und morgen kommen sicher wieder neue Gäste. Kann es uns da noch wundern, daß er auf unsere Bitte, für die nächste Nacht ein Zimmer zu buchen, nur Absagen erhielt? Wir versuchen es daraufhin selbst und erhalten mit drei Anrufen, drei Zusagen, na bitte. Wir sehen viele belgische Fahrzeuge am Hotel und auf den Straßen. Verständlich, meinen wir, es ist ja nur ein kurzer Tagesausflug und Sprachprobleme gibt es auch nicht.

Wir legen die Route für morgen fest, denn unser nächstes Hotel liegt etwas abseits der ursprünglich geplanten Strecke und gehen zum Abendessen. Leider bestätigen sich unsere geringen Erwartungen. Zu trinken? Aber ja doch! Sind wir in der Champagne, oder nicht? Eine Bouteille Champagner bitte auf den Tisch...

Tageskm:	53
Durchschnitt:	16,92 km/h

Streckenverlauf:
Reims - D 8 über die Autobahn A 4 - Cormontreuil - D 9 - nach wenigen Metern rechts ab in die D 9 E - Montbré - D 409 Rilly-la-Montagne - D 26 Chigny - Ludes - Mailly - Verzenay - Verz - rechts ab, steil bergan, D 34 Louvois - rechts, wenige Meter, links D 9 über Avenay - Ay - D 1, D 201 nach Épernay. RD 51, geradaus nach Pierry und Moussy.
Karte: Serie verte, Blatt 10

7. Tag 31.7.
Moussy - Romilly-sur-Seine

Start um 8:30 Uhr und aus "Kalter Hose" gleich ein kräftiger Anstieg. Ulrike überfordert sich, wir haben das Warmfahren noch nicht optimiert. Die Straße führt uns durch ein schönes Waldstück, eine Abfahrt fächelt uns zusätzlich frischen Wind zu, wir sind wieder erholt. Der strahlend blaue Himmel, die abwechslungsreiche Landschaft, kaum Verkehr, wunderbar.

So langsam würden wir gerne frühstücken. Aber wir finden kein Geschäft. Selbst ein mobiler Verkaufswagen in einem der kleinen Örtchen bietet nur Obst und Eier zum Verkauf. An allen schönen Pausenplätzen müssen wir vorbeifahren und werden immer hungriger. Auch unsere Labeflaschen sind schon so gut wie leer getrunken. Endlich, im fünften oder sechsten Dorf, ruft Ulrike, die immer viel mehr entdeckt als ich, „ein Café". Wir stoppen, drehen, fahren zurück und stehen vor einem schmucken kleinen Wohnhaus. Die Terrassentür ist geöffnet und die Küchentheke mit Kaffeemaschine konnte man im vorbeifahren wirklich mit einer Bar oder einem Café verwechseln. Unser Anhalten hatte die Hausfrau bemerkt und sie kam sofort, noch telefonierend, zu uns auf die Straße heraus. Wir entschuldigten uns, klärten den Irrtum auf. Aber das sei doch kein Problem, sagte sie uns, ob wir denn etwas zum Essen haben möchten, wenigstens etwas zu trinken. Ihre Tochter ist in England verheiratet, sie hat sie im Mai besucht, spricht kein Englisch, aber mit dem Verstehen ginge es doch so einigermaßen. Wir blieben standhaft, obwohl wir doch ein wenig traurig waren, als wir winkend von dieser gastfreundlichen Dame Abschied nahmen.

Nach weiteren gut 10 Kilometern, wir hatten mittlerweile einen Bärenhunger und waren durstig, entschlossen wir uns zu einem Umweg über einen größeren Ort, um dort einen Laden zu suchen.

Jetzt drängt es. Doch, welch Wunder, wir biegen ab und nach 200 Metern kommt endlich der ersehnte Tante Emma Laden. Mit einer original Tante Emma, einer ganz lieben Dickmamsell. Leider habe sie nur drei Käse, das täte ihr leid. Wir sind selig! Kaufen einen Käse, dazu den letzten Apfelsaft, zwei der vier Vittelflaschen, Brot, das war's. Ein paar Meter zurück haben

wir eine, wie wir meinen, geschlossene Pizzeria gesehen. Davor Tische und Stühle auf denen wir es uns gemütlich machen. Kaum haben wir uns niedergelassen stellen wir fest, daß das Lokal gar nicht geschlossen hat, sondern im Gegenteil, es herrscht ein reger Betrieb. Es wird angeliefert, Autos fahren vor und wieder ab, und alle ein- und ausgehenden Personen lächeln freundlich und erwiedern unser Bonjour. Niemand nimmt auch nur ansatzweise Anstoß daran, daß wir dort sitzen und frühstücken. Später trinken wir noch je zwei Espresso, den ersten, weil wir ein schlechtes Gewissen wegen unserer „Platznahme" haben und weil Ulrike mal aufs Örtchen muß, den zweiten, weil der erste so gut geschmeckt hatte und wir uns mittlerweile von dem mächtigen Kneipenhund, mit dem sogar ich Freundschaft geschlossen habe, nur schwer Abschied nehmen können. Zum gegenüberliegenden Haus winken wir zum Abschied auch noch. Dort hatte sich hin und wieder die Gardine bewegt. So ganz ist man nie unbeobachtet, stellen wir fest. Unsere Hitzeschlacht kann wieder beginnen. Jetzt wird die Landschaft flach und ein wenig eintönig. Bei Marigny verlassen wir die Champagnerroute. Nun bestimmen Getreide- und Zuckerrübenfelder das Bild. Hin und wieder sehen wir auch Zwiebel- und Kartoffelfelder. Riesige Getreidesilos können zur Orientierung dienen. Kurz vor Romilly versuchen wir einen Feldweg zu fahren und landen an einer Müllkippe. Über Kiesgrubenwege, es ist Samstag und es wird nicht gearbeitet, finden wir zur Landstraße zurück. Kein Platter, auch ein Erfolg.

Wir überschlagen, was wir im Laufe des Tages getrunken haben und kommen auf 8 Liter. Das Zimmermädchen wird morgen denken, daß wir eine Saft- und Wasserparty im Zimmer

Oben: Blick auf Moussy
Unten: Welche Pracht ...

gegeben haben, denn wir haben im Zimmer noch einiges wieder aufgefüllt. Erstmalig haben wir einen Kühlschrank in unserem schönen Zimmer. Das sollte uns doch eine Pulle Champus wert sein...

Tageskm: 77
Durchschnitt: 19,53 km/h

Streckenverlauf:
Moussy - Chavot-Courcourt - Monthelon - Morangis - Villers-aux-Bois - Soulières - Etréchy - Comm de Val-des-Marais - Bannes - Broussy-le Grand - D 39, links ab zur N 4 (Zuckerfabrik), weiter D 5, rechts ab D 305 a Pleurs - Marigny - D 5 Marsangis - Anglure - RD 440 St.-Just-Sauvage - Romilly-sur-Seine

Behütet oder bewacht? Mein Freund der, Kneipenhund
Rechts: Sonnenblumen grüßen bei Épernay

8. Tag 1.8.
Romilly-sur-Seine - Troyes

Unsere zweite Tourwoche beginnt. Eine kurze Flachetappe an der Seine, doch so einfach geht das dann doch nicht. Als wir nämlich um 8:00 Uhr starten wollen, finden wir das Hotel verschlossen. Zwar können wir aus einem gegenüberliegenden Haus per Geheimzahl unsere Räder aus der Garage holen, aber wir haben noch nicht gezahlt. An einer Tür entdecken wir einen Haftzettel mit einer Telefonnummer. Eine verschlafene Frauenstimme sagt mir, daß jemand unterwegs sei. Wir warten und tatsächlich, ein junger Mann, der Inhaber, schlendert mit einem Baguette heran und scheint auch gar nicht erstaunt über unsere Anwesenheit. Die Bedienung des PC bereitet ihm Schwierigkeiten, doch irgendwie klappt es doch noch, wir zahlen und verlassen auf der tags zuvor erkundeten Strecke problemlos das Städtchen.

Die Sonne strahlt schon vom wolkenlosen Himmel. Wir haben wegen der Hitze und zahlreichem Schnakenbesuch zwar schlecht geschlafen, aber das ist nun vergessen. Erstmals haben wir auch den Fernseher angeschaltet, RTL, in der Erwartung, Nachrichten zu sehen, aber wir bekamen nur die üblichen Crime- und Sexstories zu sehen. Es war uns wirklich widerlich, zumal wir uns keinen anderen deutschsprachigen Sender wählen konnten. Wieder einmal wurde uns deutlich, daß wir den Kontakt zur Heimat gar nicht vermissen. Wir haben unser Handy nicht mitgenommen. Wir können uns nicht vorstellen, daß wir aus Deutschland schnellere und bessere Hilfe erlangen würden. Und überhaupt, ein wenig „Lebensrisiko" muß sein! So denken und hoffen wir, daß wir schon alleine zurecht kommen. Außerdem hat uns kürzlich jemand gesagt, daß man im Urlaub ein Handy nur dann benötige, wenn man Immobilien besitze. Na bitte, haben wir beide beim späteren Austausch unserer Gedanken gesagt, damit dürfte unsere Entscheidung, keines mitzunehmen, richtig gewesen sein. Wir können so gesehen mit leichterem Gepäck reisen.

Bei unserem Rundgang durch Romilly fällt uns wieder einmal auf, daß sehr viele Häuser einen recht ärmlichen Eindruck machen. Wir wollen das nicht mit der ehemaligen DDR vergleichen aber viele Franzosen leben offensichtlich in bescheidenen Verhältnissen. Zumeist ist trotzdem alles sehr sauber, und viele Blumen, oft nur in einfachen Konservendosen, verschönern die Häuser. Auch die Freundlichkeit der Menschen auf den Straßen, der Verkäuferinnen, wenn ich mal wieder radebrechend ein Kuchenteilchen, eine Schnecke „avec" Rosinen, möchte, beeindruckt uns immer aufs Neue. Kurz, wir fühlen uns wohl, so auch jetzt auf kühler Nebenstraße, die Seine leider nur in fühlbarer, nicht sichtbarer Nähe.

Das Hotel in Troyes sollten wir wegen des Sonntags möglichst schon vor 12:00 Uhr erreichen, ein leichtes Spiel für uns. Um diese Zeit sind wir schon auf unserem Besichtigungsmarsch in die Stadt. Das historische Ambiente begeistert uns. Wir lassen uns treiben, besuchen die Kathedrale und andere Kirchen.

Wir sind von der historischen Apotheke fasziniert. Dort sind über 300 kunstvoll bemalte Kästen, die der Aufbewahrung von Heilkräutern etc. dienten, erhalten. Am liebsten würden wir von allen Fotos machen, so schön sind die Bemalungen ausgeführt. Als einzigartig empfinden wir die Fachwerkhäuser in der verwinkelten Altstadt. Wir essen eine Crêpe in Sichtweite des Hauses des Goldschmiedes, das besonders auffällig durch seinen halbrunden Turmerker ist.

Auf einer Empore am Hinterausgang einer Kirche entdecken wir zwei in Stein gehauene, lebensgroße, sehr real wirkende Figuren. Angeblich sollen diese wohlhabende, durchreisende, jüdische Kaufleute darstellen. Deren Interesse an den für sie fremden Riten wurde hier festgehalten. Über ein Geländer gelehnt, scheinen sie dem Treiben in der Kirche aufmerksam bis amüsiert zuzusehen.

Am späten Nachmittag lesen wir an einer Temperaturanzeige noch 37° ab. Wir kaufen Unmengen Getränke, der Laden hat bis 23:00 Uhr geöffnet. Unser Zimmer ist noch bullig heiß und es riecht wie in einer Grillstube.

In der Nachbarschaft wird gegrillt, die Schwaden ziehen durch das geöffnete Fenster herein. Wir liegen auf dem Bett, sozusagen im eigenen Saft und warten auf den Schlaf oder den nächsten Nahverkehrszug. Hier fahren noch Schienenbusse wie zu meiner Internatszeit...

Troyes, das Haus des Goldschmieds

Tageskm: 40
Durchschnitt: 21,52 km/h

Streckenverlauf:
Romilly-sur-Seine - N 19 Richtung Troyes, les Granges, links ab - Maizières - D 20 Châtres - Mesgrigny - weiter auf der D 20 bis - Troyes
Karte: Serie verte, Blatt 22

Rechts oben: Troyes, Dachdetail der Kirche Saint Nizier
Rechts unten: Troyes, spätgotischer Lettner in der Kirche Sainte Madeleine

9. Tag 2.8.
Troyes - Auxerre

Mit unseren Frühstarts haben wir kein Glück. Diesmal akzeptiert der Kreditkartenautomat meine Karte nicht. Da hilft auch kein Reiben der Karte. Mehrere Anrufe folgen, der Hotelier flitzt hin und her, zieht Stöpsel, steckt um. Nach einer guten halben Stunde erhalten wir die Erklärung, der Hotelautomat ist defekt. Wir zahlen cash und sind froh, daß unsere Kreditkarte keinen Defekt hat. Unsere Notfallreserve stocken wir sogleich auf.

Der nette und wohl auch verlegene Hotelier nötigt uns als Entschädigung wenigstens eine Tasse Kaffee zu trinken. So erfahren wir, daß er das Hotel vor einem Monat übernommen hat und daher noch mit einigen Schwierigkeiten zu kämpfen hat.

Wieder ein traumhaft sonniger Tag, morgen werde ich die Arme wohl wieder verdeckt tragen müssen. Wir nehmen jeden Tag eine Kalziumtablette und tatsächlich haben wir bisher keinen Sonnenbrand bekommen. Ulrike kennt Sonnenbrand ja ohnehin nur vom Hörensagen, oder von mir.

Die Strecke ist, wie erhofft, einsam. Die Dörfer wirken wie ausgestorben. Es rollt so dahin, eine lange Strecke am Waldrand ist uns sehr angenehm, wegen der zusätzlichen Kühlung. Vor einer verlassenen Dorfschule laden uns zwei Bänke zum Frühstück ein, unsere Gedanken sind bei Ottokar, Ulrikes Vater. Wir haben ihn viel zu früh verloren und gerade er hätte wirklich ein paar Jahre mehr mit einem sonnigen, unbeschwerten Lebensabend verdient, Mist...

Gegen 13:00 Uhr erreichen wir St. Florentin, eine nette Kleinstadt mit schönem Marktplatz. Berühmt auch wegen der lokalen Käsesorten. Ich gehe einkaufen, kann mich nicht entscheiden und kaufe daher gleich zwei himmlische Käse. Ulrike schimpft, ich hätte zu viel gekauft, sie hat recht, aber das mußte ich erst einmal bestreiten.

Rechts oben: Kunst auf einer "(TV-) Schüssel"
Rechts unten: Wegwarte: "Treu bis in den Tod ..."

Trotz ausgiebiger Pause werden uns die restlichen 30 Kilometer noch lang. Wir überqueren eine TGV-Linie, aber kein Superzug rast für ein Erinnerungsfoto vorbei.

Unser Hotel liegt direkt an der Yonne, unterhalb der Kathedrale. Ein altes Haus mit hohen Räumen, mit Efeu bewachsen. Als wir ankommen, ist für Ulrike die Tagesarbeit noch lange nicht erledigt. Jeden Tag wäscht sie unsere Wäsche. Mit mehr oder weniger Erfolg werden dann alle Stücke möglichst luftig aufgehängt, hin und wieder nochmals ausgedrückt. Am anderen Tag sind sie wie aus dem Schrank, trocken, sauber und duftend. Eine feine Sache diese Funktionswäsche. Während Ulrike also wäscht, klimpere ich unsere Tageserinnerungen in den „Organizer". Heute hat Ulrike sich noch zusätzlich als Schmiermaxe betätigt, die Ketten der Räder gesäubert und neu gefettet. Das erledigt sie zusätzlich alle drei Tage. Mir macht das immer ein schlechtes Gewissen, aber daran habe mich inzwischen gut gewöhnt.

Der Weg hoch in die Stadt ist anstrengend, wir fühlen uns, als ob wir Muskelkater hätten. Wir besichtigen und bewundern wieder und hoffen inständig, daß die Dias unserem überlasteten Erinnerungsvermögen ein wenig auf die Sprünge helfen werden. Bis spät in die Nacht genießen wir die Atmosphäre dieser Sommernacht auf einem mittelalterlichen Platz vor einer Bar. Wir lassen das Stimmengewirr und das kühle Bier auf uns und in uns wirken. Spät noch gehen wir auf eine Fußgängerbrücke, die über die Yonne führt. Von dort hat man einen phantastischen

Tageskm:	89
Durchschnitt:	19,39 km/h

Streckenverlauf:
Troyes - D 444 Bréviandes - D 444 bis les Bordes-Aumont, rechts ab D 66 - la Vendue-Mignot - D 1 Maupas - Jeugny - St.-Phal - Montigny - Vert - la Brosse - Coursan - Lasson - Neuvy-Sautour - N 77 St.-Florentin - N 77 Richtung Auxerre, hinter Bahnüberführung, rechts ab nach Vergigny - D 43 - links ab D 203 - Einmündung N 77 - Kreisverk., links - Auxerre.
Karten: Serie verte, Blatt 22 und 28

Blick auf das nächtliche Panorama von Auxerre, wir können uns kaum satt sehen, ein Platz für Verliebte und...

Apropos, bevor uns der Käse vom Hotelfenster fortlaufen konnte, haben wir ihn mit einer exquisiten Flasche Rotwein gebunden...

Auxerre, Tour de l'Horloge, Uhrenturm

10. Tag 3.8.
Auxerre - Vézelay

Die langen Ärmel brauche ich heute nicht. Es fängt an zu regnen. Wir versuchen zunächst ohne die Regensachen zu fahren, aber nach wenigen Metern kramen wir sie doch hervor und machen uns auf eine weniger angenehme Fahrt gefaßt. Vielleicht haben wir gar zu trübsinnig geguckt, denn nach circa 5 km hört der Regen auf. Froh können wir die lästigen, weil nicht so luftdurchlässigen Sachen wieder verstauen und somit auch die schöne Fahrt an der Yonne besser genießen. Immerhin wissen wir nun, daß wir die Regensachen nicht umsonst mitgeschleppt haben.

Bald biegen wir ab auf eine sanft ansteigende, so gut wie verkehrslose Nebenstraße. Wald und absolute Stille, nur unsere Tretgeräusche auf der typisch rauhen Asphaltstraße. Starker Gegenwind, ein älterer Rennfahrer „lutscht", d. h. er fährt im Windschatten mit. Es wird steiler, Ulrike fällt zurück. Bergauf fahren wir zumeist getrennt. Unser Tretrhythmus ist zwar in etwa der gleiche aber ich fahre mit größerer Kraft, kann also schwerere Gänge treten. Ulrike muß leichtere Gänge schalten, so daß sich daraus unterschiedliche Geschwindigkeiten ergeben. Wenn wir beide unseren Rhythmus fahren, bewältigen wir die Steigungen am besten. Eine kleine Erholungspause gönnen wir uns zumeist auf der Höhe, ziehen uns auch je nach Länge der bevorstehenden Abfahrt einen Windschutz an und ab geht's.

Beim Kartenstudium war mir eine „Stele" aufgefallen, wir halten daher an der kleinen Kreuzung an, um sie anzusehen. Es ist ein Gedenkstein für 1944 von den Deutschen erschossene Franzosen. Alles junge Leute. Wir verweilen einige Minuten, denken an das Leid der Hinterbliebenen, fragen uns, wofür, warum. Wie schwer muß es für die Betroffenen sein, mit uns Deutschen wieder zu einem normalen Verhältnis zu kommen. Die Zeit wird hoffentlich auch hier Wunden heilen können, aber die Narben werden wohl bleiben und damit die Verunsicherung unserem Volk gegenüber.

Oben: Blick von Mailly-le-Chateau auf die Yonne
Unten: Gedenkstein für 1944 ermordete Franzosen

DEFAIX CLEMENT

"Wer wird denn gleich Krokodilstränen weinen..."
(M.-le-C., Nähe Brücke über die Yonne)

Langsam rollen wir weiter. Mailly-le-Château ein schönes Dörfchen, hoch auf einem Steilufer über der Yonne, empfängt uns. Wir versorgen uns in einer gut bestückten Bäckerei und genießen unser Mittagessen auf einer schattigen Bank mit herrlichem Blick über den Fluß, den Kanal und den Kalksteinfelsen.

Wir entdecken erstmals in deutsch geschriebene Reklame. Ein Angler Paradies wird angepriesen, wir werden es zu Hause berichten. Auf einer romantischen Brücke überqueren wir die Yonne und den Canal du Nivernais und genießen einige leichte und landschaftlich reizvolle Kilometer im Tal. Hausboote gleiten gemächlich auf dem Kanal, als würden sie an einer Leine über eine Bühne gezogen.

Auf uns wartet der Schlußanstieg. Zur Belohnung folgt eine Abfahrt mit Panoramablick auf unser Tagesziel Vèzelay. Einige Pedalumdrehungen im Wiegetritt und es ist geschafft, das Hotel ist erreicht. Die übliche Prozedur: Duschen, Wäsche waschen, ausschwärmen zur Besichtigung. Die Arbeitsabläufe sind jetzt perfektioniert. Mit unserem Gepäck unter dem Arm und über die Schulter gehängt, verschwinden wir in unserem Zimmer und schon rauscht die Dusche, liegt die Wäsche im Handwaschbecken.

Vézelay, Sainte-Madeleine

Wir stürzen uns in das Gewühl filmender, knipsender Touristen und gehören selbst dazu. Erstmals sehen wir Pilger mit ihren Insignien, Stab, Muschel und Kalebasse. Wir sehen in die schön restaurierten Keller der stattlichen Häuser auf der steil zur Kathedrale ansteigenden Rue St.-Pierre und stellen uns vor, wie dort im Mittelalter Pilgermassen nächtigten.

Ein Reiseführer dröhnt vor der Abteikirche St. -Madeleine sein Wissen über die gelangweilte Gruppe. Wir bewundern den reichen Figurenschmuck, besonders die Kapitelle, bis uns die Nacken schmerzen.

Vézelay, das Tympanon am Hauptportal der Pilgerkirche mit der Darstellung des Pfingstwunders, die Ausgießung des Heiligen Geistes

Von einer Straße der Spieler haben wir gelesen, wir fragen und finden sie und sind enttäuscht.

Liebe Freunde haben sich für den Abend angesagt, sie möchten uns auf unserer Tour besuchen und nehmen dafür fast 1.500 km Autofahrt auf sich. Wir gehen gemeinsam essen.

Nach 734 Kilometern haben wir heute unser erstes großes Teilziel, den Beginn des „Via Lemovicensis", mit Vézelay erreicht. Wenn wir nur gesund bleiben...

Tageskm:	57
Durchschnitt:	17,74 km/h

Streckenverlauf:
Auxerre - an der Yonne aufwärts - D 163 Vaux - N 6 Vincelles - D 85, D 38 Val-de-Mercy - D 165 - Fontenay-sous-Fouronnes - D 950 Mailly-le-Château - D 130, D 100 Châtel-Censoir - Asnières-s.-Bois - D 36, D 951 Vézelay
Karte: Serie verte, Blatt 28

11. Tag 4.8.
Vézelay - Nevers

Diesmal gelang uns der Start mit dem Glockenschlag 8:00 Uhr. Unsere Freunde sind zur Stelle, filmen, winken, wir schwingen uns so elegant wie möglich auf die Räder, Schußfahrt ins Tal der Cure, um doch noch schnell für ein Foto zu halten. Die Sonne geht strahlend über Vézelay auf. Wir haben wieder wenig Verkehr auf der Straße, was wir wegen der besseren Luft, besonders bei langen Anstiegen, als sehr angenehm empfinden. Doch

Auf dem Wege nach Corbigny

dann beginnt sich eine pechschwarze Wand vor uns aufzubauen, wir zählen die „trockenen" Kilometer und haben wieder großes Glück, denn wir huschen förmlich unter der Schlechtwetterfront hindurch, fahren einige Kilometer auf nasser Straße, bis die Sonne erneut hervorkommt.

Nach einem langen Aufstieg genießen wir auf dem Bergrücken die herrliche Weitsicht, bis wir wieder ins Tal sausen. Ulrike ist wieder einmal die rasantere Abfahrerin. In Corbigny, nach 30 km, frühstücken wir, verabschieden uns von der Yonne ein letztes Mal, während wir den Kanal Nivernais noch mehrmals überqueren werden. Dieser muß eine ziemliche Höhendifferenz überwinden und wird dabei streckenweise durch Tunnel geleitet. Wir sehen uns dies bei einem Straßentunnel an und haben den Wunsch, mit einem Boot ein Stück auf dem Kanal durch den Berg zu fahren.

In St.-Saulge belohnen wir uns für weitere 30 km mit einem schönen Kaffee. Ich durfte wieder einen lokalen Käse kaufen, der sich allerdings als besserer Quark entpuppte, geschmeckt hat er trotzdem.

Unser Hotel erreichen wir nach kurzem Fußmarsch durch die Innenstadt. Ruhig, ein winziges Zimmer unter dem Dach, wir spüren unsere Oberschenkel und sollten doch inzwischen trainiert sein.

Ein wenig störend empfinden wir immer wieder, daß hier so gut wie alle Duschen, zumeist sind es Badewannen mit Dusche, keine Vorhänge oder Türen haben. Will man nicht die ganz große Überschwemmung verursachen, muß man sich also knien oder setzen, beim Einseifen die Brausetasse zwischen die Beine klemmen. Übungen, die mir nicht sonderlich liegen, auch der Erfolg ist zumeist gering, nach dem Duschen schwimmt doch alles.

Die Hotels buche ich zumeist für zwei bis drei Tage voraus. Es klappt erstaunlich gut. Selten mal eine Absage und die Zimmer sind immer sehr ordentlich und recht preiswert. Wir hatten auch noch nie das Gefühl, daß man uns, obwohl wir nur Tagesgäste sind und zudem mit dem Rad ankommen, ein weniger gutes Zimmer angeboten hat.

Die Altstadt gefällt uns wieder sehr. Auf den Bürgersteigen sehen wir einen blauen, gut 10 cm breiten Streifen, der von Sehenswürdigkeit zu Sehenswürdigkeit führt. Eine gute Idee,

Schwerkraft zum Himmel...

wir folgen den Hinweisen, doch leider müssen wir unseren Stadtrundgang abbrechen, es fängt an zu regnen. Während wir luftig, aber geschützt auf einer überdachten Terrasse sitzen und einen riesigen Salat vertilgen, fängt es, an wolkenbruchartig zu regnen. Wir warten, bis der Regen aufhört und lernen so beim Bier, daß Erdnüsse „Kakerie" oder so ähnlich heißen und finden das irre komisch....

Hibiskuspracht am Straßenrand

Tageskm: 92
Durchschnitt: 19,07 km/h

Streckenverlauf:
Vézelay - D957, St.-Père - D 958 Corbigny - St. Saulge - weiter D 958 Richtung Nevers, Einmündung in die D 978 und N 81 - Nevers
Karten: Serie verte, Blatt 28 und 36

12. Tag 5.8.
Nevers - Pierrefitte-sur-Loire

Unsere Räder haben wir im Hinterhof des Hotels, durch Planen gegen den Regen geschützt, abgestellt. Daher geht Ulrike gleich nach dem Aufstehen zu den Rädern hinunter, um die Plastikplanen abzunehmen und um eventuell die Sättel trocken zu wischen. Wie gut, denn sie kommt mit einer Überraschung zurück. Das Hinterrad ihres Rades ist platt. Wie gut, daß uns dies nicht auf freier Strecke passiert ist. So kann ich mich komfortabel einrichten. Ein umgedrehter Eimer als Reparatursitz, eine Schüssel Wasser zum Suchen des mikroskopisch kleinen Loches, die Reparatur war, für meine Verhältnisse zumindest, schnell ausgeführt. Auch den Verursacher, eine kleine Glasscherbe, fanden wir im Mantel. Mit Sicherheit ein Überbleibsel der letzten Panne bei unserer Eifeltour vor Monaten.

Wir frühstücken nun doch noch im Hotel und starten erst um 9:30 Uhr. Durch die Altstadt rollen wir hinunter zur Loire und über die Sandsteinbrücke auf das linke Ufer. Wir werfen einen Blick zurück und einen besorgten Blick zum Himmel.

Es läuft mir schwer, als hielte mich jemand fest. Ich sehe nach unten zum Hinterrad, habe das Gefühl als ob es schleift oder keine Luft hat, ich quäle mich, der Tacho zeigt eine lächerlich geringe Geschwindigkeit an. Wieviel Kilometer sind es heute, fragt Ulrike. Statt einer Antwort frage ich zurück, ob es ihr auch so schwer laufe. „Ja!" Und schon läuft es besser. Keiner von uns ist allein schwach und diese Einigkeit macht stark, wirklich.

Irgendwo hatte ich auf der Karte eine Abkürzung über einen Feldweg gefunden. Genau das Richtige für uns, um auf sandigem Weg völlig ungestört entlang zu trödeln. Ein schöner Weg, teilweise von Bäumen überwachsen, so daß wir wie durch einen Tunnel fahren. Nach dem gestrigen Regen sind wir die ersten, die neue Spuren in den Sand ziehen. Dann wieder fahren wir an Weiden und Feldern mit riesigen Maispflanzen vorbei. Wir meinen, die Maispflanzen wüchsen hier höher als bei uns. Aus der Idylle werden wir durch ein Krachen an meinem Hinterrad aufgeschreckt. Der Leerlauf funktioniert nicht mehr, das merke ich sogleich. Mir schießen fatale Gedanken durch den Kopf. Die Schaltung verbogen, irreparabel, das Ende. Zum Glück finden wir die Ursache schnell. Die Plastikschutzscheibe zwischen Ritzel und Speichen ist aus ihrer Verankerung gebrochen und blockiert so den Leerlauf. Wieder haben wir Glück. Nach nur etwa 300 Metern erreichen wir, vorsichtig fahrend, einen Bauernhof. Dort machen wir uns bemerkbar und sprechen einen netten jungen Mann an. Er begreift sofort, was wir benötigen und bringt uns Messer und Gartenschere. Dank meiner mehr als

Achtung, "man on work"
Diesen Feldweg immer geradeaus?....

limitierten technischen Fähigkeiten bin ich fast verzweifelt. Mit reichlich Schweiß auf der Stirn gelingt es mir letztlich doch, die Scheibe zu zerschneiden, ohne dabei eine Speiche zu durchtrennen.

Mittlerweile ist auch die Bäuerin hinzugekommen, die sich für unser Woher und Wohin interessiert. Daraufhin bietet sie uns an, direkt am Loire-Kanal entlang zu fahren. Damit würden wir einen großen Umweg sparen und für Fahrräder wäre der Weg in Ordnung. Der Sohn holt seine Enduromaschine und braust, uns den Weg zeigend, über ein Stoppelfeld vorweg. Wir hoppeln, so schnell und elegant es ging, hinterher. Gemeinsam wird ein Gatter geöffnet, shake hands und wir können, über eine rostige Privatbrücke fahrend, auf einen wunderschönen Pfad am Kanal einbiegen. Wir werden mächtig hungrig, der einzige Supermarkt hatte gerade geschlossen, ansonsten nichts. Die Strecke zieht sich wie Kaugummi, der rauhe Belag bremst. Die topfebene Straße erinnert uns an Norddeutschland. Endlich, nach 55 km, können wir auftanken.

Ein paar Regentropfen fallen, wir schwitzen mehr.

Unsere Befürchtungen wegen des Hotels, es liegt vielleicht an der viel befahrenen N 79, werden auf das Angenehmste enttäuscht. Das Hotel steht abseits und völlig ruhig, wir haben einen schönen Blick über einen Freizeitpark, können bei offenem Fenster schlafen und die Küche ist gut. Wir putzen im wahrsten Sinne des Wortes eine Käseplatte

Diesmal haben wir drei Betten zur Verfügung, aber wir lassen keinen Platz zwischen uns...

Tageskm: 92
Durchschnitt: 21,39 km/h

Streckenverlauf:
Nevers - über die Loire-Brücke - sofort links, D 13 Sermoise-sur-Loire - Chevenon - D 116, Fleury-s-L. - bevor die D 116 den Kanal überquert, 50 Meter nach rechts und links einbiegen, Feldweg, Chalon, St. Maurice wieder auf die D 116 - D 15 - Gannay-s-L. - nach links versetzte Kreuzung der D 973, weiter auf der D 15 - Beaulon - Einmündung in die N 79, Diou - Pierrefitte-sur-Loire
Karte: Serie verte, Blatt 36

Vorübergehend geschlossen...

13. Tag 6.8.
Pierrefitte-sur-Loire - Renaison

Wir haben gut geschlafen und fühlen uns fit. Leider entpuppt sich der Morgendunst als Schlechtwetterfront. Die kleine, gewundene Straße begleiten üppig tragende Brombeerhecken, ob wir für ein „Vorfrühstück" halten sollen? Wir überlegen noch, als es zu regnen anfängt und zwar gleich kräftig. Wir jagen eine Abfahrt hinunter, wollen Schutz in dem auf dem gegenüberliegenden Berg stehenden Dorf suchen. Der Anstieg ist steil, es stürmt, wir stampfen im Wiegetritt, wegen des Gegenwindes auf der linken Straßenseite fahrend, im größtmöglichen Gang den Hang hinauf. Noch halten die Bäume dicht, Blätter und Sand fliegen uns entgegen, es fängt an zu schütten. Gleich am Ortseingang sehen wir eine Bäckerei, im Laufschritt schieben wir die Räder in eine Garage im Hinterhof, den wüst kläffenden Köter bemerke ich erst, als wir schon in den Laden stürmen. Der Regen peitscht fast waagerecht gegen das Schaufenster. Wir dampfen von der Anstrengung unseres Spurtes, meine Brille beschlägt. Wir plazieren uns an der Tür und sehen dem kommenden Weltuntergang entgegen. Wir kaufen Brot, Käse und Wurst, lassen uns alles schneiden. Die Bäckerin hat Verständnis, daß wir ihren Laden als Wartehalle nutzen. Nach einer halben Stunde klart es auf, wir bedanken uns und brechen auf. Es ist kalt geworden, für ein kurzes Stück ziehen wir noch unsere Regensachen über. Im nächsten Ort finden wir ein Café, die Sonne lacht wieder, wir sind happy, fühlen uns als Glückskinder nur wenige Minuten mehr auf der Straße und wir wären pudelnaß geworden.

Die Strecke ist schön, schmale, kurvige Straßen, wenig Verkehr, aber auch wie erwartet nicht ganz anspruchslos. Wir müssen einige Hügel bezwingen. Störend bläst auf den letzten 20 Kilometern ein starker, frontaler Gegenwind. Wir sind uns einig, lieber Berge als Gegenwind. Der Himmel zieht sich wieder zu, doch wir erreichen unser Hotel trocken. Ich fahre sogar noch in eine Autoreparaturwerkstätte und bitte, meine Hinterradbremse neu zu justieren. Sie ist so dämlich eingestellt worden, daß ich sie nicht öffnen kann und zudem schleift sie permanent am Mantel. Ein netter Meister erledigt das sofort und professionell und will partout keine Bezahlung. Zur Werkstätte

Oben: Blumenkreuz
Links: Stockrosen über dem Tal

bin ich ohne Gepäck gefahren, ein ganz ungewohntes Gefühl, ich fahre unsicher, halte den Lenker ganz verkrampft und kann dennoch kaum geradeaus fahren. Bedingt durch das schwere Gepäck habe ich mich an ein gänzlich anderes Steuern gewöhnt. Kaum bin ich zurück, die Räder sind gottlob in einer Garage, bricht ein Unwetter los. Die Straßen sind im Handumdrehen überschwemmt. Von unserem Hotelzimmer aus sehen wir Sturzbäche über den Marktplatz schießen, das Licht fällt aus, später ist auch das Telefon für Stunden gestört, ich muß ja noch die nächste Übernachtung buchen. Wir sind glücklich und zufrieden, genug Bügel für die frisch gewaschene Wäsche, ein schönes Zimmer und ein gutes Restaurant im Hause. Die Dame, bei der ich das Zimmer bestellt hatte sprach vorzüglich Englisch. Als wir ankommen, erkundigen wir uns nach ihr. Sie ist in der Küche beschäftigt und erzählt uns von ihren Aufenthalten in England. Zum Abendessen erhalten wir von ihr eine gute Empfehlung für eine lokale Fleischspezialität.

Das Haus ist eine u. E. mißlungene Mischung aus alter Bausubstanz und hypermoderner Neueinrichtung. Jedes für sich betrachtet durchaus nicht geschmacklos, aber so gegensätzlich eingerichtet und nicht durchgängig erneuert, daß wir an Schauräume in Einrichtungshäusern erinnert wurden.

Weinselig gehen wir den kurzen Weg zu unserem Zimmer, immer noch stürmt und regnet es. Erstmalig auf dieser Reise kuscheln wir uns unter einer Decke, sonst reichte uns das Laken. Wir fassen unser Glück kaum, daß wir in diesem Haus und nicht ein paar Kilometer weiter unser Quartier besorgt haben und dann in das Unwetter geraten wären.

Beim Einschlafen denken wir daran, morgen knacken wir die 1.000 km-Marke...

Tageskm:	73
Durchschnitt:	16,57 km/h

Streckenverlauf:
Pierrefitte-sur-Loire - D 295 Saligny-sur-Roudon -
D 15 le Donjon - D 15 Lenax - D 468,
D 46, N 7 la Pacaudiere - Changy - D 8 Renaison
Karte: Serie verte, Blatt 43

14. Tag 7.8.
Renaison - Montbrison

Als wir aufstehen, lacht die Sonne, der Himmel ist klar, die Luft kühl, wir haben gut geschlafen. Fast vergessen wir, uns den Stempel für unsere Pilgerpässe geben zu lassen. Mit Proviant versorgt starten wir gemütlich. Nach wenigen Metern überholt uns ein Postbote auf seinem Rad. Offensichtlich will er uns zeigen, wie fit er ist. Ich nehme die Herausforderung nur halbherzig an, wir sind noch im Warming up-Programm. Als ich herangefahren bin, biegt er ab, okay denke ich, das nächstes Mal. Nach wenigen km verkrümeln wir uns von der noch wenig befahrenen, breiten Hauptverkehrsstraße auf ein Nebensträßchen und sind damit sozusagen wieder unter uns.

Der Tacho zeigt an, daß wir 1.000 km zurückgelegt haben. Wir halten, stoßen mit unseren Labeflaschen an, küssen uns und sind uns eigentlich ziemlich sicher, daß wir auch den Rest schaffen werden. Gemächlich aber stetig steigen wir, mit wunderschönen Blicken über das Loire-Tal, auf der sich um jede Bergflanke windenden Straße. Wir sehen viel Vieh auf den von Brombeerhecken umrankten Weiden. Kleine Dörfer, eher Weiler liegen am Wege. Es riecht ländlich. Der Einkauf in einem Tante-Emma-Laden zieht sich ohne Ende. Seelenruhig wird erzählt, hier wird auch noch angeschrieben, in eine Eselsohrenkladde, wie zu meinen Grundschulzeiten. Wir erstehen englisches Gebäck, den Kaffee dazu gibt es im Nebenraum.

Für ein Plätzchen zur nächsten Pause suchen wir lange. Dann entdecken wir hinter einem Wäldchen einen versteckten Teich, zwei Stühle, einen Findling für die Beine und zugleich als Tisch zu gebrauchen. Ob Fische in dem Teich sind, wer mag der Eigentümer sein? Wir fahren erholt und doch auch etwas schwerfällig weiter. Wie schnell man doch Sitzfleisch bekommt.

Der Himmel zieht sich wieder zu, aber es bleibt bei der Drohung. Unsere Räder haben diesmal einen trockenen Platz auf der Ladefläche des Hotelautos gefunden. Nach dem Stadtrundgang sind wir ziemlich müde, schlafen ein, wachen um 22:00 auf, gehen noch für ein Bier auf die Terrasse des Hotels und ekeln uns über die Fliegenteppiche auf den nicht abgeräumten Tischen und an der Hotelwand.

In der Nacht regnet es wieder. Die Luft ist zum Schneiden...

...und gleich tritt sie aus ihrer Kemenate!

Tageskm: 63
Durchschnitt: 18,04 km/h

Streckenverlauf:
Renaison - D 8 St. André - D 8 bis Kreisverkehr D 53, noch D 8, rechts ab D 86 St.-Polugues - D 18 Souternon - D 18, D 1 St.-Germain-Laval - D 1, D 8Bussy-Albieux - Boen - B 8 Montbrison
Karte: Serie verte, Blatt 43 und Blatt 50

15. Tag 8.8.
Montbrison - Bas-en-Basset

Stolzer gallischer Hahn

Unser früher Start verzögert sich, da meine Kreditkarte angeblich wertlos ist. Nach einigem hin und her kann ich mit einem manuell erstellten Beleg zahlen, aber 30 Minuten sind verloren.

Die Strecke steigt wie erwartet an. Es ist kühl aber sonnig. Wir sprechen drei Rennfahrer auf eine Routenvariante hin an, jeder hat eine andere Vorstellung von der richtigen Strecke. Wir einigen uns anhand meiner Karte. Wie immer klappt die Verständigung mit viel Lachen und dem abschließenden Wunsch: „Bon Route".

Margerie-Chantagret, am Marktplatz

Nach einem längeren Anstieg, ich warte am Ortseingang, kommt Ulrike mit einem Rennfahrer gemeinsam angefahren. Dieser hatte Ulrike eingeholt und nach mir gefragt. Er wußte, daß ich Probleme mit meiner Hinterradbremse gehabt habe. Wir sind verblüfft, vor zwei Tagen war ich in der Werkstatt, allein. Es muß ein Kunde gewesen sein, denn den Meister, der mir geholfen hatte, hätte ich ja wieder erkannt. Nun gut, wir haben die gleichen Satteltaschen und die gleiche Radmarke, dennoch erstaunlich. Da wir eine Bäckerei suchen, gibt er uns noch den Tip für die beste Bäckerei weit und breit und "Bon Route".

In der Bäckerei erstehen wir dann bei zwei bildschönen Schwestern je ein Törtchen, die wir gleich vor der Türe essen und die tatsächlich sündhaft gut schmecken. Eine ältere Dame spricht uns an und kann sich gar nicht beruhigen, als sie erfährt, daß wir nach Compostela fahren wollen. Sie hatte nach dem Krieg im Saarland, St. Arnual, gelebt und auf einer Zeche gearbeitet. Schade, wir hätten genügend Gesprächsstoff für Stunden gehabt, aber wir müssen weiter.

Viele Radrennfahrer sind an diesem sonnigen Sonntagvormittag unterwegs, durchweg wird gegrüßt, es herrscht eine freundliche Atmosphäre. Umso mehr sind wir betroffen, als uns ein bitterlich weinender kleiner Junge auf dem Rennrad entgegenkommt. Mir hat es wirklich ins Herz geschnitten, dieses Herzeleid, dieser ausweglos scheinende Schmerz, die Hilflosigkeit, die wir auch in uns spürten, denn wir konnten ihm nicht helfen, nicht einmal dem teilnahmslos mit Abstand hinterher rollenden Vater etwas zurufen. Schlimm, Erinnerungen wurden wach.

Wir kommen nach St. Bonnet-le-Château, dort ist Markt und exotische Musik plärrt, Buschtrommeln werden geschlagen, amüsiert sehen wir eine Weile zu, fahren weiter. Es geht weiter bergauf, Wald nimmt uns auf, ein Wegkreuz an einer Straßengabelung bestätigt uns, daß wir auf knapp 1.000 Meter geklettert sind. Die folgende Abfahrt genießen wir in vollen Zügen, kehren in einem Dorf für einen Saft mit Wasser ein. Auf der fol-

Oben: Romantische Abfahrt ins Tal der Loire
Unten: Baguette aus der besten Bäckerei...

genden über 10 km langen Abfahrt, durch ein enges, dicht bewaldetes Tal, auf schmalem Sträßchen, halten wir, vor lauter Begeisterung für die wunderschöne Strecke, mehrmals an.

Im sonnendurchfluteten Tal der Loire erreichen wir unser Hotel schon um 13:00 Uhr.

Über 100 Gäste sitzen noch beim Mittagessen. Ob für uns noch ein Salat übrig ist? Ist er, wir sind in Windeseile geduscht und erhalten einen köstlichen Salat mit Entenfilet, superb. Dazu ein nach Honig schmeckendes Bier. Am Abendessen nehmen wir als Pensionsgäste teil. Um uns herum nur Senioren. Ulrike ist albern, kichert, na ja, es ist schon eine skurrile Atmosphäre. Ein Herr erzählt laut und lachend, alle Frauen nicken mit den Köpfen, nur seine eigene nicht. Vielleicht erzählt er uralte Witze. Wir werden genau beobachtet, und wir erinnern uns an den Film, „Die Ferien des Monsieur Hulot". Die Bewegungen der alten Leute und wie sie trinken, wirklich zu komisch. Wir delektieren uns am Essen: Honigmelone mit Madeirawein, Omelett mit Prinzessböhnchen und Käseplatte, der Anstand verbietet es, mehr als drei Käsesorten zu erbitten. Zwischendurch und hinterher wieder das köstliche Honigbier. Von unserem Zimmer buchen wir die Hotels für die ganze kommende Woche, nicht ohne Probleme, aber letztlich sind wir erfolgreich. Ulrike pflegt wieder die Räder auf der Terrasse vor unserem Zimmer, Le Puy wir kommen...

Tageskm:	52
Durchschnitt:	15,66 km/h

Streckenverlauf:
Montbrison - D 5 St.-Georges - Margerie-Chantagret - Soleymieux - Marlos - Fougerols - D 498 St.-Bonnet-le-Château - D 498, nach ca. 500 m links ab D 14 - Wegkreuz, links D 14 - St.-Hilaire-C.-la-V. - D 14, D 42 (Rau de Courbieres) - Bas-en-Basset
Karte: Serie verte, Blatt 50

16. Tag 9.8.
Bas-en-Basset - Le Puy-en-Velay

Unsere Räder standen auf der Terrasse vor unserem Hotelzimmer, so daß wir über den Tau nassen Rasen starten. Es ist noch kalt und neblig, die wenigen Autos kommen uns mit Licht entgegen. Wir müssen bergauf, der Nebel schlägt sich auf unseren

Morgennebel über dem Tal der Loire

Armen nieder, es sieht schön aus, ist aber nur von kurzer Dauer.

Auf der Höhe sind wir schon im gleißenden Sonnenlicht, tauchen nochmals in den Nebel ein, bis er sich endgültig verflüchtigt und fahren wohlgemut in Sichtweite der Loire. Wir finden ein schönes Picknickplätzchen, die Sonne fängt schon an zu brennen. Eine abwechslungsreiche Strecke, einzig der stramme Gegenwind stört unser vollkommenes Glück.

Le Puy erreichen wir um 14:00 Uhr. Unser Hotel liegt angenehm zentral, das Zimmer ist klein, ruhig und mit gemäßigten Küchendüften gesegnet. Die Räder sind abenteuerlich unter einer Feuertreppe hinter der Rezeption untergestellt, hoffentlich werden sie nicht angeknabbert, die Mülltonne steht dicht daneben. Neben unseren üblichen Verrichtungen sind diesmal noch 20 Karten zu schreiben. Ich habe „Love"-Briefmarken erstanden, da lacht mein Philatelistenherz, ich liebe mein Jugendhobby eben immer noch. Wir senden Filme und „abgefahrene" Landkarten nach Hause und können noch einen ausgiebigen Stadtrundgang absolvieren. Diesmal legen wir Wert auf einen Stempeleintrag von der „Cathedrale Notre Dame du Puy". Eine nette alte Dame drückt uns den begehrten Stempel vorsichtig in unseren Leporello-Pilgerbrief und bittet uns um einen Eintrag in das Gästebuch.

Hier beginnt also die „Via Podensis", der Pilgerweg, den wir bis zu seinem Ende in Ostabat, nahe der spanischen Grenze fahren wollen. Der bekannteste der vier Hauptrouten durch Frankreich. Wir suchen und finden den „Startplatz". Wir versuchen uns vorzustellen, wie viele Pilger seit Jahrhunderten hier ihren Weg begannen oder fortsetzten, welche Beweggründe sie hatten, welches Leid, welche Hoffnungen sie veranlassten, diese Strapazen auf sich zu nehmen. Wie leicht ist es dagegen für uns. Frisch geduscht, Geld und Kreditkarte im Brustbeutel, gehen wir die ersten Meter des heutigen Wanderweges „GR 65" durch

Oben: Le Puy, St-Michel d'Aiguille
Unten: Jakobusplakette an einem Haus in Le Puy

LE PUY EN VELAY
ST JACQUES DE COMPOSTELLE

ICI
prend naissance
la «Via Podiensis»
grande route du Pèlerinage
de St Jacques de Compostelle
Les Chemins de Saint-Jacques de Compostelle
La "Via Podiensis" entre Le Puy-en-Velay et Conques

die Jakobusstraße. Der Führer in der Hand, verspricht mehr, als er halten kann, der Zahn der Zeit ist auch hier sicht- und spürbar. Wir drehen enttäuscht um. Haben wir zu viel erwartet? Wir sind von den vielen stattlichen Gebäuden beeindruckt, aber wir sehen auch viel Verfall. Wir nehmen die Enge und die Verkehrsprobleme wahr. Sicher ist es ein himmelweiter Unterschied, in Urlaubslaune durch eine solche Stadt zu schlendern oder in ihr leben und arbeiten zu müssen. Der Versuch, uns in einer „Gîtes d'Étape" über die Möglichkeiten einer Übernachtung zu informieren, mißlingt. Die Dame, die uns die Türe öffnet, schleudert uns förmlich ein „Besetzt" entgegen, Tür zu. Na ja, denken wir, wozu soll sie auch freundlich sein, morgen ist das Haus wieder voll.

Als wir zum Abendessen gehen wollen, fängt es furchtbar zu stürmen an und dazu schüttet es wie aus Kannen. Wir haben Glück, daß unser Hotel mit einem Szenelokal verbunden ist, das wir durch einen langen Gang erreichen können und wir sogar noch zwei schöne Plätze ergattern, denn wenige Minuten später ist kein Platz mehr frei. Die überaus beliebte „deutsche" Schlachtplatte verschmähen wir zwar, wir sind doch in Frankreich, denken wir mit ein wenig gespielter Entrüstung. Aber ein Hoch auf das herrliche Bier und auf unsere Pilgerfahrt...

Tageskm: 54
Durchschnitt: 17,09 km/h

Streckenverlauf:
Bas-en-Basset - D 42 Beauzac - D 46 Retournac -
D 103 Vorey - Le Puy-en-Velay
Karte: Serie verte, Blatt 50

Oben: Le Puy, Westfassade der Kathedrale
Unten: Hier beginnt die Via Podensis.

17. Tag 10.8.
Le Puy-en-Velay - Saugues

Start um 8:30, wir hoppeln auf unseren Rädern mühsam durch die Altstadt zum Marktplatz und machen ein Erinnerungsfoto unter der Tafel, die den Beginn dieses Jakobusweges, des GR 65, markiert. Über die schön anzusehenden, aber schwer zu befahrenden Katzenköpfe zur und weiter auf der Jakobusstraße. Zunächst sanft bergan. In der Rue de Compostela wird es steiler, wir springen vom Rad, hier werden auch Radfahrer zu Fußpilgern. Wir verschnaufen und genießen einen schönen Blick zurück über die Stadt.

Nach knapp zwei Kilometern ist ein Hochplateau erreicht, der gut markierte, bisher asphaltierte Weg, wird zum Schlackeweg.

Wer sein Rad liebt, der...

Oben: Kreuz bei Augeac
Unten: Die Kapelle St. Rochus bei Montbonnet

Wir passieren zwei Fahrzeuge, in einem Wagen sehen wir Schläfer, ob das auch Pilger sind? Der Weg wird immer schlechter. Auf dem vom nächtlichen Regen aufgeweichten Weg schleichen wir mehr, als daß wir fahren. Die schwarzen Bimssteine haben uns noch das Gefühl, auf einer mittelalterlichen Straße zu fahren, empfinden lassen, aber mehr und mehr müssen wir uns über Ziegelbauschutt, Scherben und sonstigen Dreck hinweg quälen. Es ist nicht nur unschön, wir haben auch Angst um unsere Räder und besonders die Reifen. Wir steigen ab, schieben.

Eine Ziegenherde kreuzt unseren Weg, wir queren die Hinterlassenschaften und quälen uns mit den Rädern ab. Der Himmel ist bewölkt, es ist kalt und windig, wir kommen nicht voran, kurz die rechte Pilgerstimmung will sich nicht einstellen. So hatten wir uns das nicht vorgestellt.

Der "Warzenstein"

Wir erreichen die neu ausgebaute D 589 und lassen den GR 65, als für das Rad untauglichen Grasweg vorerst rechts liegen. Die weitere Fahrt durch kleine Dörfer entschädigt uns wieder. Zwar stöhnen wir im Gegenwind und wegen der anstrengenden Strecke, aber immerhin, wir fühlen uns in das Mittelalter zurückversetzt. Viele Häuser sind verfallen, die Mauern düster, geradezu drohend schwarz, kaum Fenster, eine Szenerie, die uns an den Film „Im Namen der Rose" erinnert.

Wir halten am „Warzenstein", finden Wasser in der Mulde, das sei ein Wunder. Wir finden das nach dem gestrigen Wolkenbruch nicht. Wer Geld auf den Stein legt, bekommt keine Warzen, haben wir gelesen. Geld liegt nicht auf dem Stein. Gibt es keine Warzen oder keine Wundergläubigen mehr oder war jemand vor uns, der das Geld genommen hat und der es nun riskiert, Warzen zu bekommen? Wir jedenfalls beschließen, kein Geld zu deponieren, wir haben ja auch keine Warzen.

Mittlerweile sind wir auf 1.127 Meter geklettert und dürfen die lange Abfahrt nach Monistrol-d'Allier genießen. Wir halten für einen kurzen Stop und sehen einige Pilger, oder sind es Tageswanderer? Zumindest ist eine Menge Leute unterwegs. Eine kleine Gruppe führt zwei Esel mit sich. Kinder sind dabei, sicher wird diese Tour für die „Pänz" zu einem unvergeßlichen Erlebnis.

Wir müssen noch ca. 500 Höhenmeter bewältigen, es geht leichter, als wir dachten. Es ist nur ein „moderater" Anstieg, Ulrike meistert ihn ohne Probleme. Wir überholen ein wanderndes Ehepaar, Holländer. Sie wollen in drei Monaten von Sedan bis Compostela gehen. 25 - 30 km pro Tag. Er trug, für uns unvorstellbar, 20 kg, sie 17 kg. Sie trugen ein Zelt mit und verpflegten sich selber. Wie leicht machten wir es uns, aber wir könnten und wollten diesen Beiden auch nicht nacheifern.

Mit einer kurzen Abfahrt geht es nach Saugues, ein gepflegtes Haus, ein schönes Zimmer empfängt uns. Wir belohnen uns von den Strapazen mit einem ersten Bier auf der sonnigen Terrasse. Dann folgen das übliche Reinigungs- und Waschritual und ein kurzer Rundgang durch den mittelalterlichen Kern dieser ehemaligen, heute sehr auf Touristen eingestellte, Kreisstadt. Unser Hotel und viele Pensionen sind belegt, das soll uns Warnung und Hinweis sein.

Wir essen im Hotel an einem geschmackvoll gedeckten Tisch. Es gibt Entenleber mit kleinem Salat. Nieren (nicht ganz unser Fall, aber wir hatten nur „Kalb" verstanden und die Handbewegung der Bedienung an den Rücken nicht richtig gedeutet, trotzdem, es war sehr schmackhaft), dazu Pilze und Kartoffelpüree, Käse und Eis.

Ulrike nimmt noch ein heißes Bad, ach geht es uns gut...

Tageskm: 45
Durchschnitt: 12,89 km/h

Streckenverlauf:
Le Puy - GR 65 - D 589 Cordes - links ab, Jalès - Augeac - les Bineyres - Ramourouscle - Montbonnet - zurück auf die D 589 - St-Privat-d'Allier - Monistrol-d'Allier - Saugues
Karte: Serie verte, Blatt 50

18. Tag 11.8.
Saugues - Aubrac

Wir haben gut geschlafen, es war unser bestes Zimmer bisher. Wir starten um 8:15 Uhr. Es ist kühl, wir frösteln bei der kurzen Abfahrt aus dem Ort, immerhin sind wir auf über 900 Metern. Die Strecke steigt an, aber wir haben keine Probleme, denn wir sind ja mittlerweile geübte „Einfahrer". Bald sind wir auf über 1.200 Meter geklettert und dürfen nach St-Alban hinunter rollen. Die ersten 30 km sind geschafft, das Frühstück haben wir verdient.

Detail eines Kreuzes in Saugues

Beim Radeln beobachten wir den Verlauf des GR 65 und sehen auch einige Wanderer. Für uns, mit den bepackten Rädern, sind jedoch die Streckenabschnitte, die wir einsehen können, beim besten Willen nicht zum Befahren geeignet. Wir bleiben also auf der Straße. Das ist kein Problem, der Verkehr ist gering, die Autofahrer sind überaus rücksichtsvoll. Wir fahren stets hintereinander, fühlen uns sicher und wurden auch noch nie bedrängt oder gar gefährdet.

Heute ist der Tag der totalen Sonnenfinsternis. Der Himmel ist bewölkt, ob wir die Sonnenfinsternis deswegen nicht sehen oder bemerken können? Wir sprechen von Indien, dort haben wir eine totale Sonnenfinsternis erlebt, und wir erinnern uns noch genau an das eigenartige Zwielicht. Da wir im Auto unterwegs waren und nicht hielten, können wir allerdings nicht sagen, ob es stiller geworden war. Zudem waren wir in einer wüstenartigen Landschaft unterwegs.

Um 11:30 Uhr erreichen wir Aumont-Aubrac, Zeit für eine Espressopause. Die Wolkendecke reißt auf, überall stehen Menschen, sie halten die von Banken und anderen Sponsoren verteilten Brillen oder Scheiben vor die Augen und beobachten die beginnende Sonnenfinsternis. Neben uns sitzt ein Ehepaar, das sich als deutsch sprechende Belgier herausstellt. Wir beobachten gemeinsam das Naturereignis, bis sich wieder eine Wolkendecke vor die Sonne schiebt. Dann machen wir uns wieder auf den Weg.

In einer kleinen Kapelle am Wege opfert Ulrike eine Kerze mit der Bitte, daß uns der Hl. Jakobus weiter so gut behütet und begleitet. Wir durchfahren einen dünn besiedelten Landstrich, kahl, kaum Bäume, ein Bison-Park liegt am Wege. Die Kirche in Nasbinals verstärkt unseren Eindruck, ein rauhes Land, Kirche und Häuser aus Granit, geduckt. Über endlos in die Ferne reichende Weideflächen erreichen wir mit sanftem Anstieg den Col de Aubrac, 1.340 Meter. Eine kurze Abfahrt, ein Golfressort liegt am Wege, um 15:00 Uhr sind wir im Hotel.

Der Ort besteht aus dem Hotel, drei Gaststätten, zwei verfallenden ehemaligen Hotels, einer Pilgerherberge, in einem wuchtigen Turm, fast ohne Fenster untergebracht, einer kleinen Kirche und wenigen Privathäusern. Insgesamt sollen nur 20 Personen hier wohnen. Trotzdem ist ein Markt aufgebaut. An zwei Ständen werden Käse, Schinken und Anisplätzchen ange-

Oben: St.-Alban-sur-Limagnole, Glockenturm
Rechts oben: Sonnenfinsternis, unglaublich, schon fast 50 %, oder so...
Rechts unten: In der Kapelle in La Pinède, hinter Aumont-Aubrac

boten. Ulrike verbietet mir einzukaufen, ich protestiere, wir einigen uns. Insgeheim muß ich ihr recht geben, ich kaufe immer zu viel ein und wir haben dann ein Transportproblem und müssen auch den Verderb fürchten. Die Anisplätzchen, die ich kaufe, erweisen sich übrigens als ungenießbar. An einem Schnapsstand treffen wir einen Deutschen, der wegen seines Mädchens hierher gezogen war und nun nicht mehr nach Deutschland zurück möchte. Warum er sich nach angeblich 2,5 Jahren in Frankreich mit seiner Angebeteten noch in Englisch unterhalten muß, verstehen wir zwar nicht, aber es ist so. Wir essen noch ein riesiges Stück Waldbeerentorte und beobachten

Erst der "Col" und dann....

die zahlreichen Touristen. Einige Rucksackpilger kommen mit dem Wagen vorgefahren, warum nicht, zünftig sehen sie aus mit Stab, Muschel, Kalebasse und den hochgebirgstauglichen Stiefeln.

Ulrike geht die Räder putzen, nimmt wieder ein heißes Bad, und dann gehen wir wohlriechend zum Abendessen.

Die Tochter des Hauses spricht deutsch und unterhält sich gerne mit uns. Wir erfahren, daß das Hotel nur im Sommer bewirtschaftet wird. Im Winter ist die Schneelage zu unsicher, so daß das Haus nicht bewirtschaftet wird. Wir bestellen das regional typische Gericht: Kartoffeln mit Käse, dazu Gemüse, und wir putzen die Platte. Zum Ausgleich gehen wir noch kurz auf die menschenleere Straße, es wird ziemlich kühl, doch wir haben das Feuer in uns...

Tageskm: 79
Durchschnitt: 17,32 km/h

Streckenverlauf:
Saugues - D 585 Esplantas - D 587 Chanaleilles - D 987 St-Alban-sur-Limagnole - D 987 - Rimeize -D 987 Aumont-Aubrac - D 987 Malbouzon - Nasbinals - Aubrac
Karten: Serie verte, Blatt 50 und 58

19. Tag 12.8.
Aubrac - Conques

Später Start um 8:45 Uhr mit einer phantastischen, 8 km langen Abfahrt nach St-Chély-d'Aubrac.

Obwohl wir uns mit langer Hose und Anorak so warm wie möglich angezogen haben, sind wir nach der Abfahrt von über 1.300 Metern auf 780 Meter durchfroren. Doch wir dürfen wieder auf 950 Meter klettern, um dann mit herrlichem Fernblick über die wie mit Watte gefüllten Täler nach St-Come-d'Olt am Lot abzufahren. Nach wenigen Kilometern ist Espalion erreicht. Die gotische Brücke präsentiert sich in strahlender Sonne malerisch inmitten des Altstadtpanoramas.

Espalion, Chor und Kammglockenturm der Eglise de Perse

Wir fahren einen kleinen Umweg zur Kirche von Perse. Das rote Sandsteinkirchlein beeindruckt uns sehr. Angenehm empfinden wir die dezente Musikuntermalung in der Kirche. Eine, wie wir finden, gute Idee, die den Kunstgenuß steigert, eine würdevolle Stimmung verbreitet. Wir denken, daß eine Musikkulisse auch für unsere Kirchen schön wäre.

Auf kleinen Nebensträßchen fahren wir nach Estaing, das uns noch besser gefällt. Wir versuchen die Atmosphäre in uns aufzusaugen, besuchen die Kirche und sitzen später an dem Lot mit Blick auf die alte Brücke, stärken uns für die Weiterfahrt und nehmen wieder einmal nur schwer Abschied.

Estaing, Steinkreuz vor der Kirche

Es geht steil bergan. Als ich mein Rad auf der Kuppe abstelle, um auf Ulrike zu warten, fallen die ersten Regentropfen. Ulrike schafft es noch so gerade, bevor der Regen dichter wird, wir schieben unsere Räder in einen Unterstand, es beginnt zu schütten. Wir stehen im Durchgang zwischen einem alten Bauernhof und dem Backofen. Alte Fässer stehen herum, ob sie einmal für Gurken und Sauerkraut bestimmt waren? Der Backofen müßte noch zu gebrauchen sein. Holz liegt noch herum. Spinnereien. Als es schon fast wieder aufhört zu regnen, kommt die Bäuerin, um die nasse Wäsche von der Leine im Hof zu nehmen. Wir grüßen, kein Problem, daß wir untergeschlüpft sind. Die Sonne kommt wieder hervor, die Luft ist noch klarer als zuvor. Wir fahren langsam, um uns nicht zu bespritzen, die Straße beginnt zu dampfen, im strahlenden Sonnenschein blinzeln wir unserem Ziel entgegen. Wir fahren auf einer Hochebene. An der sich windenden Straße stehen wieder viele dichte Brombeerhecken. Wir halten und naschen. Die Beeren sind zuckersüß. Wir malen uns aus, wie wir mit Spankörben ausgerüstet losziehen würden. Abends gäbe es Kuchen, wir würden Marmelade und Gelee herstellen...

Wir wählen den Weg am Dourdou abwärts. Es rollt leicht. Wir passieren Tabakfelder und ziehen den Duft, der das ganze Tal zu erfüllen scheint, tief ein. Schnell erreichen wir unser Hotel, es liegt ca. 1,5 km vor Conques. Wir sind unschlüssig, ob wir das uns angebotene Zimmer mit Fensterfront zur Straße nehmen sollen, eine Alternative kann man uns angeblich nicht anbieten. Wir fahren zunächst zur Stadtbesichtigung und müssen feststellen, daß Conques total ausgebucht ist und wir insoweit noch großes Glück mit unserem Hotel haben. Überdies ist nach unserer Stadtbesichtigung doch noch ein Zimmer in Seitenlage frei, es ist zwar etwas teurer, aber auch ruhiger und damit angenehmer für uns. Wir staunen über die Ausstattung des Hotels. Die Wände sind mit Stoff bespannt. Die ehemalige Mühle ist auf das feinste eingerichtet und erst seit drei Monaten eröffnet. Die im Zimmer liegenden Informationen des Hotels über die Geschichte des Hauses etc. sind, wohl von einem Gast, korrigiert worden. Er hat unzählige Rechtschreib- und Grammatikfehler angestrichen und korrigiert. Schade, daß wir das nicht nachvollziehen können.

Oben: Estaing
Rechts: Conques, Detail des Tympanon, den Sündern drohen drastische Strafen, die Verdammten werden in den geöffneten Höllenrachen geschoben.

Auch von Conques sind wir wieder begeistert. Trotz des Gewimmels unzähliger Besucher fühlt man sich in das Mittelalter versetzt. Lange verweilen wir vor der Abteikirche der heiligen Fides und sehen uns am Hauptportal das „Jüngste Gericht" an, ehe wir uns auch im Inneren von dem reichen Skulpturenschmuck begeistern lassen. Es fällt uns nicht schwer, uns die Ergriffenheit gläubiger Pilger vergangener Zeiten vorzustellen. Sicher wurden sie von den eindrucksvollen Darstellungen des Weltgerichtes eingeschüchtert. Heute muß man ja ein wenig schmunzeln, wenn man sieht, welche drakonischen und drastischen Strafen für die unterschiedlichsten Vergehen drohten. Da hatte man sich schon ein eindrucksvolles Horrorszenario ausgedacht.

Ulrike spendet dem hl. Jakobus wieder eine Kerze, er macht ja, mal ganz ehrlich und salopp gesprochen, seine Sache wirklich gut...

Tageskm: 86
Durchschnitt: 19,62 km/h

Streckenverlauf:
Aubrac - D 533 St-Chely-d'Aubrac - D 19, D 987 Salgues - St-Côme-d'Olt - Espalion - D 556, D 100 Estraing - D 22 Villecomtat - Nauviale - D 901 Conques
Karte: Serie verte, Blatt 58

20. Tag 13.8.
Conques - Figeac

Von unserer teuren Herberge nehmen wir leichten Abschied. Eine kurze Strecke liegt vor uns. Wir wollen uns mit in Frankreich lebenden Freunden in Figeac treffen und freuen uns schon auf das Wiedersehen. Unterhalb Conques überqueren wir die sog. Römische Brücke, ein mittelalterliches Brücklein, um dann sofort steil bergauf fahren zu müssen. Selten, daß ich im kleinen Blatt fahre, hier benötige ich es.

Conques, schiefergedeckte Fachwerkhäuser

Wir sind allein, ein letzter Blick noch auf das vom Nebel verhangene Conques und unser Hotel. Der GR 65 kreuzt die Straße, führt die Bergflanke fast in der Fallinie hoch, schwer zu gehen, fast unmöglich mit einem schweren Rucksack zu bezwingen, unmöglich mit einem beladenen Rad. Wir erreichen die Höhe, der Nebel liegt wieder wunderschön wie Watte unter uns in den Tälern. Vom Tau nasse Pfefferminze steht am Wege. Es hat auch Vorteile, wenn man sich mit 9 km/h den Berg hochquält, denn so sieht man mehr. Ich pflücke ein paar Triebe, rieche, sauge den Duft tief ein. Sehe die Tautropfen in der Morgensonne wie Diamanten funkeln und denke an unseren ersten „Mint-tea" in Marokko. Auch damals im Atlasgebirge war es noch kalt und früh am Morgen und wir beide noch fast halb so alt.

Schnell reiße ich von einem Unkraut ein paar Dolden vom Wegesrand und lege mit diesen das Wort „Love" auf den Asphalt. Dann verstecke ich mich hinter der Kurve und freue mich auf das freudige „ohh" von Ulrike, als sie meinen Gruß entdeckt. Wir sind uns einig, wieder ein Tag wie gemalt.

Nur als ich mir auch noch eine solche Strecke zum Training für zu Hause wünsche, winkt Ulrike ab, Masochismus liegt ihr eben fern.

"GR 65", wir sind richtig

Trotz der wenigen Kilometer müssen wir uns bei dem ständigen Auf und Ab ganz schön quälen, kommen sogar in Zeitnot und erreichen das Hotel nur knapp vor unseren Freunden. Ein paar schöne Stunden mit ihnen folgen. Sie fühlen sich wohl in Frankreich, aber einfach ist das Leben hier auch nicht... Dann müssen wir leider wieder Abschied nehmen, gegenseitiges Winken, wir sind wieder allein. Ein mieses, verwohntes und lautes Zimmer wartet auf uns. Wir gehen in die Stadt, essen eine Pizza sowie Salat. Das Restaurant ist gut besucht, etliche Gäste müssen sogar abgewiesen werden.

Morgen werden wir einen Umweg nach Rocamadur fahren. Darauf, und weil alles so gut läuft und überhaupt, jetzt wird erst einmal eine Flasche Wein geköpft.

Die Pfefferminztriebe liegen auf dem Nachttisch und duften noch immer...

Pfefferminze, der Duft, die Erinnerung...

Tageskm: 48
Durchschnitt: 15,92 km/h

Streckenverlauf:
Conques - D 580 Noailhac - la Bessenoits - Agnac - D 963 Flagnac - Port d'Agres - D 627 vor Livinhac scharf rechts D 21 Montredon - D 2 Figeac
Karten: Serie verte, Blatt 58 und 57

21. Tag 14.8.
Figeac - Rocamadour

Start um 8:30 Uhr, Sonne und noch angenehm kühl. Wir bleiben am linken Ufer der Célé, wechseln nach ca. 6 km auf das rechte Ufer und fahren in dem malerischen Tal vorbei an kleinen Weilern. Kalksteinfelsen ragen steil auf, die Felder sind klein, aber alle bewirtschaftet. Wir naschen ein paar Pflaumen, die Bäume sind übervoll, ob sie geerntet werden? Auch Reineclauden und vor allem Nußbäume mit riesigen und vielen Nüssen. Wir malen uns wieder aus, wie wir ernten und einmachen würden. Dann müssen wir das Tal leider verlassen, 2 km Bergtraining, oben bin ich tropfnaß. Beim Anstieg haben wir wieder einmal den GR 65 gekreuzt, ein Pfad, mühsam zu laufen, fürs Fahrrad unmöglich.

Im nächsten Dorf wollen wir Kaffee trinken. Ein Herr, den wir ansprechen, lacht. Hier gibt es nichts, absolut nichts, keinen Kaffee, keine Mädchen, nichts, bon route. Fünf Kilometer, oder ein Dorf weiter, sind wir dann erfolgreich. Wir können auf einer Bank vor dem netten Lokal sitzen, bestellen ein Schinkenbrot und stellen fest, daß wir seit Wochen erstmals wieder Butter auf einem Brot haben, kein schlechter Geschmack. Nacheinander fahren zwei Bäcker vor, liefern und verkaufen an die schon wartenden Dorfbewohner. Wir erstehen natürlich auch ein Baguette und bei dem zweiten Bäcker ein schönes Stück Apfeltorte. Das haben wir dann gleich im Stehen verschlungen. Die Umstehenden hatten offensichtlich viel Spaß, uns hierbei zuzusehen.

Die Fahrt nach Gramat vergeht im D-Zugtempo. Eine ganz andere Landschaft. Viele Eichen, aber kaum höher als 5 Meter. Alle Felder mit Steinmauern umgeben, viele Felder sind nicht bewirtschaftet. Eine karstige Landschaft. Wir sehen viele kreisrunde Steinhäuser. Sie besitzen nur eine Türöffnung, keine Fenster, keinen Dachabzug. Zumeist sind sie etwa 3 - 4 Meter hoch und haben einen Durchmesser von etwa 3 Metern. Die Hütten sind nur aus, zumeist plattenförmigen Steinen errichtet, kein Mörtel, kein Lehm wurde verwendet. Die Mauern sind ca. 50 cm und stärker. Oft stehen sie auf dem nackten Fels. Im Inneren ist in ca. 50 cm Höhe umlaufend cin Sitzstein, der ca. 10 - 15 cm aus der Mauer herausragt. Wir nehmen eine Hütte in Beschlag und sitzen erstaunlich bequem darin. Wieder kommen wir auf allerlei Gedanken, doch draußen warten unsere Räder, wir müssen uns losreißen.

Der relativ starke Verkehr hatte uns schon gewundert, in Gramat sehen wir, warum. Auf der N 140 geht es nur noch im Schneckentempo vorwärts. Wieder haben wir Glück. Wir müssen dem Hauptverkehr entgegen fahren, und es geht zumeist bergab. Nach einer Viertelstunde können wir abbiegen und relativ ungestört nach Rocamadour rollen. Im „Steilflug" geht es hinab zu unserem Hotel, das gleich am Eingang zur historischen Altstadt liegt.

Das Haus ist schon um 13:30 Uhr bei unserer Ankunft belegt, böse Blicke folgen mir, als ich den Zimmerschlüssel ausgehändigt bekomme. Ein traumhaftes Zimmer, schräge Wände, der Blick aus dem kleinen Fenster

Oben: Figeac, Abteikirche St.-Sauveur
Unten: Ich tropfnaß, Ulrike: "War's das?"...

Rechts oben: "Unsere" Hütte in der Causse de Gramat
Rechts unten: Kreuz im Dorf Grèzes

über das gesamte, tief eingeschnittene, Tal der Alzou. Nach rechts zur berühmten Kulisse des mittelalterlichen Städtchens. Wir werden an das Bild „Der Blumenfreund" von Spitzweg erinnert, nur die Blumen fehlen noch.

Wir stürzen uns in das Kirmesgewimmel vor der Hoteltür. Benutzen die Fahrstühle zur Erleichterung unserer Besichtigung und sind gleichermaßen beeindruckt wie erdrückt von den Menschenmassen. Am Abend wird es ruhig, wir sitzen bei einem Glas Wein in unserem Zimmer, als Weihrauch in das Zimmer strömt. Gleichzeitig hören wir Gesänge und das Beten von Litaneien. Flugs rennen wir zum Hoteleingang hinunter und sehen eine endlose Prozession, an uns vorbei, in die Stadt fluten. Die meisten Teilnehmer tragen eine brennende Kerze, die mit einer Papiermanschette versehen ist. Wir können nicht alles lesen, was auf diesen steht, nur Roc amator, daß heißt „Felsenliebhaber". Gebetet und gesungen wird in mehreren Sprachen, auch deutsch und, wie wir meinen, in polnisch. Wir sehen viele junge Leute mitgehen, interessiert schließen wir uns an. Die Prozession zieht zur Kirche hinauf. Es ist nach 22:00 Uhr und mittlerweile stockdunkel, ein eindrucksvolles Schauspiel. Es ist der Vorabend von Maria Himmelfahrt. Gerne hätten wir mit einigen der jungen Prozessionsteilnehmer gesprochen. Woher sind sie gekommen, wo werden sie Quartier finden?

In der Nacht hören wir es leise regnen...

Tageskm: 60
Durchschnitt: 19,56 km/h

Streckenverlauf:
Figeac - D 662, kurz vor dem Anstieg nach Béduer nach rechts über die Célé, links - D 41 - Corn - Diege, rechts steil bergauf - rechts, D 38 - Grèzes - D 13, D 146 Espédaillac - D 14 Reihac - Gramat - N 140 links, D 36 links Rocamadour
Karte: Serie verte, Blatt 57

22. Tag 15.8.
Rocamadour - Cahors

Als wir um 8:15 Uhr aufbrechen, ist die Straße noch menschenleer. Leichter Nebel liegt über dem Tal. Langsam steigt die Straße an der gegenüberliegenden Talseite an. Wir halten mehrmals an, um uns die einmalige Lage Rocamadours immer

Rocamadour, Abschied in der Morgensonne

wieder aus verschiedenen Blickwinkeln anzusehen. Die Strecke wird anstrengend, viele Steigungen fordern uns, bei den kurzen Abfahrten erholen wir uns nur ungenügend. Im Gegenteil sogar, die Beinmuskeln kühlen bei den Abfahrten aus, so daß wir beim erneuten bergauf Fahren zunächst höllisch Schmerzen in den Oberschenkeln verspüren, bis die Muskeln wieder warm gefahren sind. Die Sonne kommt hervor. Tau bedeckt die Wiesen, Glockenblumen stehen am Wegesrand. Im Gegenlicht sehen wir, die mit Tau benetzten, Spinnennetze glitzern. Ein Bilderbuchsonntag, kaum Verkehr, ein Fahrzeug kommt entgegen, wir schnuppern, es war der Bäcker.

Nach 25 km finden wir ein sonniges Plätzchen auf der Terrasse vor einem Hotel am Marktplatz von Labastide-Murat. Wir bestellen Kaffee und erhalten zwei riesige Pötte, einmal mit, einmal ohne Milch. Ulrike immer „schwarz", obwohl sie für mich nicht mehr schöner zu werden braucht, aber wer weiß? ... Mein naß geschwitzter Rücken trocknet in der Sonne. Derweil hat sich Ulrike in die ca. 20 Personen betragende Warteschlange vor einer Bäckerei eingeordnet und kommt mit einem Liebesknochen und einem Himbeertörtchen zurück. Wir teilen, wie immer, und sind der Meinung, daß das Warten sich gelohnt hat. Wie stolz kann der Bäcker sein, wenn sich die Kundschaft so vor seinem Laden aufreiht.

Ein kleiner Markt wird auch abgehalten. Ein Zigeunerjunge spielt Ziehharmonika, ein Schmied beschlägt ein geduldiges Pferd, und ich darf zwei kleine Ziegenkäse erstehen. Kann ein sonniger Sonntagmorgen schöner sein?

Wir schwingen uns auf die Räder und werden nochmals belohnt mit einer leichten Fahrt, sanft bergab durch das sonnendurchflutete zauberhafte Tal der Vers. 22 km fast, von der Quelle bis zur Mündung in den Lot. Kaum besiedelt, kaum Verkehr und immer wieder Nußbäume...

Vor einer Kirche ist gerade ein großer Freiluftgottesdienst beendet, wir erleben noch eine Taufe in der Kirche, beobachten die Messebesucher, niemand kümmert sich um uns. Noch ein Dutzend Kilometer liegen vor uns, gegen 13:30 Uhr sind wir im Hotel, Minuten vor einer Busladung spanischer Pilger. Ulrike hat in der Garage schon Putzlappen gesehen, so ein bißchen Kettenpflege muß sein.

Die berühmte Pont Valentré ist ganz in der Nähe, morgen

werden wir sie mit dem Rad überqueren. Die Kathedrale St. Etienne mit schönem Klosterhof, den zahlreichen alten Häusern, es ist wieder malerisch. Wir essen im Freien in der Nähe der Kathedrale, ein laues Lüftchen weht. Unser Zimmer ist noch warm, aber es ist ruhig, der Entlüftungsventilator der Küche ist abgestellt. Leider haben wir nur ein französisches Bett. Ulrike bereitet sich mit den nicht benötigten Decken ein Lager auf dem Fußboden, so kann sie besser schlafen, ich kann sie nicht daran hindern, muß auf Befehl der Chefin immer im Bett schlafen. Wir sehen die Lichter der Stadt, wir dämmern ein, gegen Morgen kommt Ulrike noch auf ein Stündchen...

Cahors, Pont Valentré über den Lot

Tageskm: 64
Durchschnitt: 18,62 km/h

Streckenverlauf:
Rocamadour - D 32 - Couzou - Carlucet - D 677 - Labastide-Murat - D 32 - St-Sauveur-la-Vallée - D 32, D 653 - Vers - D 653 - Cahors
Karte: Serie verte, Blatt 57

23. Tag 16.8.
Cahors - Pommevic

Wie am Tag zuvor bei unserer Stadtbesichtigung ausgekundschaftet, starten wir über die Pont Valentré.

Auf der verkehrsarmen Straße, sogar die N 20 ist noch wenig befahren, verlassen wir schnell die Stadt und die umliegenden Industrieansiedlungen und sind bald wieder einsam auf einem kleinen Sträßchen. Für einige Meter tangieren wir den GR 65, sehen sogar einen Wanderer, den seine Frau wohl gerade mit dem Wagen abgesetzt hatte. Zünftig mit Hut, Stab, Muschel, kleinem Rucksack und Wanderkarte ausgestattet, ist er zweifelsfrei sogar ein Pilger. Wir grüßen freundlich, wünschen eine

Oben: Cahors, Start über die Pont Valentré
Rechts oben: Tabakfeld im Tal der Lendou
Rechts unten: Tabakblüten

gute Reise, aber erhalten keine Antwort, werden keines Blickes gewürdigt. Seltsam, kommunikativ sind viele Einzelwanderer offensichtlich nicht. Wir haben das schon oft festgestellt. Vielleicht akzeptieren, sehen sie die vorbei rasenden Radfahrer auch nicht als Pilgergenossen. Wer weiß, vielleicht sind sie auch nur meditativ in sich versunken. Einzelwanderer überwiegen, kaum sehen wir Gruppen. Wir sind uns einig, daß wir eine solche Strecke weder wandernd noch radelnd allein zurücklegen möchten. Wir sprechen ja ständig miteinander, auch beim Fahren, ganz selbstverständlich. Da wir grundsätzlich hintereinander fahren und die Fahrgeräusche für unsere Unterhaltungen übertönen müssen, heißt das, daß wir schon etwas deutlicher, das heißt lauter sprechen. Wir vermuten, daß sich schon so mancher über die vorbeifahrenden „Lautsprecheransagen" gewundert hat.

Unser Frühstück war heute etwas knapp ausgefallen, wir hatten keinen offenen Laden gefunden. Einen Müsliriegel hatten wir noch, das war's. Die Riegel schmecken uns darüber hinaus gar nicht. Sie sind für uns wirklich nur eine Notverpflegung. In die Labeflaschen hatten wir nur Wasser gefüllt, trotzdem, es läuft ganz gut. Nach etwa 10 km haben wir eine Höhe erklommen und können fast 30 km sanft abfahren, beziehungsweise in einem schönen Tal rollen. Dunkle Gewitterwolken drohen hinter uns, es donnert sogar, wir zählen wieder die „trockenen" km und sind mit dem Gegenwind diesmal sogar einverstanden. Nachdem Ulrike mit dem hl. Jakobus schon ein Agreement hinsichtlich des Wetters getroffen hat, sollte ich ebenfalls gestehen, daß ich auch eine Abmachung getroffen habe. Meine so sehr geliebte, wie auch viel getragene blaue Radhose zeigt nämlich Ermüdungserscheinungen. Um präzise zu sein, zwei kleine Löcher an der linken Hinterbacke haben sich zu einem großen Loch vereinigt. Ulrike wollte die Hose schon spätestens in Le Puy fortwerfen, bis dahin hatte ich um Aufschub gebeten. Da ich in dieser Hose auf unserer jetzigen Reise noch nie naß geworden bin, haben wir jedoch vereinbart, daß ich die Hose so lange tragen darf, bis ich einmal richtig naß geregnet werde. Naß bedeutet, das haben wir selbstverständlich definiert, Schuhe und Strümpfe müssen klitschnaß sein. Mit einem Heftpflaster hat Ulrike versucht, das Loch in der Hose zuzukleben. Da es allerdings nach wenigen Kilometern mehr an meinen Haaren als an der Hose klebte, habe ich es wieder herausgerissen. Jetzt wird Ulrike versuchen, das Loch vorsichtig mit einem Faden zuzuziehen. Hauptsache, ich kann die Hose weitertragen. Sorgen sind das.

Der Geruch von Honigmelonen liegt in der Luft, wir kaufen auf dem Feld von einem Bauern zwei schöne Exemplare für 10 FF. In Lauzerte finden wir einen Supermarkt und können uns bestens eindecken. Ein junger Mann bettelt vor dem Eingang und erhält von fast allen Kunden etwas zugesteckt. Wir quälen uns in das mittelalterliche Städtchen hoch und finden eine schattige Bank mit schöner Aussicht und reger Teilnahme des gegenüber residierenden Arztes an unserem Mahl. Wer schon einmal zwei Honigmelonen, 200 Gramm rohen Schinken, 250 Gramm reifen Camembert, ein Baguette, ein halbes Glas Majonäse gegessen hat und dazu zweieinhalb Liter Aprikosensaft und Wasser trank, der müßte wissen, wie wohl wir uns fühlen. Sorry, der Espresso zum Abschluß durfte nicht fehlen. So gerüstet, können wir nach Moissac aufbrechen, von dort wird es nur noch ein Sprung bis zum Tagesziel sein.

Ein paar Tropfen fallen, wir ignorieren sie. Die folgende Strecke war auch von der Tour de France befahren worden. Wir müssen einen Bergrücken überwinden und sehen an den Steigungen die Namen der Giganten der Landstraße auf die Teerdecke gepinselt, einmal sehen wir sogar „Erik". Wir haben die Höhe noch nicht erreicht, als es zu regnen anfängt. Ein Bauernhof liegt wie gerufen an der Straße. Schnell schiebe ich mein Rad in die offene Scheune, winke dem bei offener Türe essenden Bauern zu und warte auf Ulrike. Sie sprintet heran, wir müssen uns nur ein paar dicke Tropfen aus dem Gesicht wischen. Dann geht ein tüchtiger Schauer nieder. Wir stehen eingekeilt zwischen Trecker, 2 CV und Mauer, aber trocken. Der Bauer kommt hinzu, wir erzählen, ohne gegenseitig allzuviel zu verstehen, einen Esel hat er noch, wir sehen diesen später auf der Weide, ja die Tour ist vorbeigefahren, bon route, winken, die Sonne lacht wieder. Die Straße trocknet schnell, wir müssen ohnehin noch den Berg hinauf, ein letzter Blick auf Lauzerte.

Einige Hügel noch, dann sind wir in Moissac, besichtigen dies ausführlich. Die Kirche Saint-Pierre, das herrliche Portal, im Kreuzgang bewundern wir die Eleganz der Säulen, möchten

Moissac, der Kreuzgang der Abteikirche St-Pierre

am liebsten von jedem Kapitell ein Foto machen. Bestaunen die gigantische Zeder. In der Kirche wird moderne Musik gespielt, Geige mit Orgel, furchtbar schrill, wir flüchten. Der Platz vor der Kirche ist schön restauriert, in einem der vielen Cafés trinken wir noch einen Kaffee, fast wie im Café Reichert mit Blick auf den Dom. Die letzten Kilometer sind schnell abgespult, die blaue Hose trage ich auch morgen...

Tageskm:	78
Durchschnitt:	19,34 km/h

Streckenverlauf:
Cahors - Pont Valentré, links - zur N 20, rechts - D 659 - L'hospitalet - D 54 - Cézac - D 7 -
D 54 - Lauzerte - D 2 - Durfort-Lacapelette - D 16 - Moissac - N 113 - Richtung Valence, Pommevic
Karte: Serie verte, Blatt 57

24. Tag 17.8.
Pommevic - Nogaro

Das Hotel hatten wir gestern zunächst voller Skepsis angefahren, denn es liegt an einer Nationalstraße. Wir befürchten, daß die Lärmbelästigung von der Straße zu stark sein könnte und wir schlecht schlafen würden. Wir haben wieder einmal Glück. Die Zimmer sind in einem separaten Haus untergebracht und zwar etwa 50 Meter im Grünen, das Fenster zur Seite, wir können also relativ ruhig schlafen. Bei unserem kleinen Erkundungsrundgang treffen wir auf drei Fußpilger aus Belgien, junge Leute, die noch bis Santiago wollen. In dem kleinen Dorf finden wir weder einen Laden noch etwas Sehenswertes. Alles macht einen verlassenen Eindruck, es fehlen nur die Holzläden vor den Fenstern. Wir fragen uns, wovon die Leute hier leben. Das einzige Haus mit Leben scheint unser Hotel zu sein.

Wir gehen zum Abendessen. Kaum sitzen wir, macht uns der Wirt mit einem Engländer bekannt. John, wie er sich vorstellt, war angeblich 15 Jahre in Hongkong als Lehrer für Chinesisch tätig und ist mit Rückgabe der Kronkolonie an China nach Frankreich gegangen. Dort hat er seinen Flugschein gemacht, weil dies die beste Art sei, französisch zu lernen. Nun will er in Frankreich bleiben und höchstens auf Besuch nach Hongkong reisen. Nach 10 Minuten verabschiedet er sich, er wohne etwa 10 km entfernt und habe dem Wirt nur einen großen Steinpilz zum Kochen gebracht. Wir haben fast den Eindruck mit einem Geheimagenten ihrer Majestät gesprochen zu haben.

Geradezu ein Schauspiel bietet uns die weibliche Bedienung. Es ist alles so beschaulich, so ruhig in dem riesigen Saal, in dem wir Platz genommen haben. Wir sind die ersten Gäste, ich klimpere auf unserem Organizer, wir trinken ein Bier. Nach und nach werden vielleicht ein halbes Dutzend Tische belegt. Zunächst hatte uns ein junger Mann bedient. Wir bekommen den ersten Gang serviert, als die Dame. die uns auch schon das Zimmer gezeigt hatte, den Saal betritt. Nun trägt sie Stöckelschuhe und hat die Augen schwarz geschminkt. Mit lautem Absatzstakkato kommt sie auf einen der Nachbartische, an dem zwei Herren sitzen, zugestürzt, stoppt abrupt, reißt die Augen furchterregend auf und bittet um die Bestellung. Wir sind ordentlich erschrocken, dann müssen wir lachen. Später unter-

hält sie sich mit einigen Gästen, wobei sie ihre Stimme absenkt, sich rechts und links geradezu konspirativ umsieht, flüstert, dann wieder unvermittelt hochschreckt und abstöckelt. Wir hatten sie zuvor die Katzen füttern sehen und erwarteten nun jede Minute, daß ihr eine Katze auf den Rücken springen würde. Eine liebe Hexe allerdings mit ihren Breakdance-Bewegungen.

Nach dem Essen setzten wir uns noch für ein Bier auf die unmittelbar an der N 113 gelegene Terrasse vor das Restaurant. Wir sitzen etwas tiefer, unter dem Straßenniveau, so daß wir den Lastern sozusagen unter das Profil der Räder sehen können. Als abendliche Lokalattraktion dürfen wir die haarsträubenden Fahrkünste zweier Dorftwens beobachten. Auf ihren frisierten Mopeds, ohne Schalldämpfer, das Gas bis zum Anschlag aufgedreht, schießen sie den Lastern entgegen, um dann kurz vor diesen die Straße zu kreuzen und auf der linken Straßenseite weiter zu rasen. Dann wird mit blockiertem, ausbrechendem Hinterrad in einen Feldweg eingebogen, um kurz darauf ebenso rasant wieder auf die Straße zu schießen. Als dann über uns ein roter Neonpfeil im Sekundentakt aufblinkt, um auf unser Hotel aufmerksam zu machen, war uns klar, wir sitzen an der „Route 66" von Frankreich. Es wird kühl, wir wollen und werden hoffentlich gut schlafen.

Um 8:00 Uhr sind wir startklar. Unsere liebe „Hexe" wünscht uns „bon route". Ein Gast, der uns gestern schon eigenartig aufgefallen war, füttert eine Katze mit einem Stück Fleisch oder ähnlichem aus seiner Hosentasche. Der Wirt gibt uns, als er erfährt, daß wir nach Compostela wollen, noch zwei Jakobsmuscheln mit auf den Weg. Wir haben den Eindruck, daß man viel Anteil nimmt und auch sehr gut über den Pilgerweg informiert ist. Heute werden unsere Räder mehrmals inspiziert, die Leute suchen oft das Gespräch, kaum ein Laden entläßt uns ohne gute Wünsche.

Schnell sind wir über den Kanal, die Ebene und die Garonne gefahren, waren, im noch verschlafenen kleinen Städtchen Auvillar, mit der Besichtigung und der Auffüllung unserer Trinkvorräte fertig.

Oben: Ob dort "Gelber Strom" erzeugt wird?...
(Brücke über den Canal de Golfech bei Pommevic)
Unten: Auvillar, die alte Markthalle

Anschließen soll sich eine zwar längere, aber leichte Etappe durch sanftes hügeliges Gelände. Es wird unsere schwerste Etappe bisher. Trotz des Kartenstudiums hatte ich die vielen Höhenlinien, die wir überfahren mußten, unterschätzt. Keine sanften Hügelchen, sondern steile lange Berge mit rasanten kurvigen Abfahrten. Eigentlich hätten wir nur zwei Gänge benötigt, einen Berggang und einen zum Abfahren. Wir können buchstäblich keine hundert Meter in der Ebene fahren, nur rauf oder runter und die Muskeln schmerzen mit jedem neuen Anstieg mehr. Zudem fühlen wir uns gehetzt, denn wir wissen ja um die Länge der Etappe. Auf den letzten 15 km müssen wir noch über ein Dutzend Steigungen überwinden. Wir kämpfen uns mit 7 - 9 km/h den Berg hoch, kippen förmlich über die Kuppe und rauschen, ohne groß anzutreten, den nächsten Anstieg schon vor Augen, mit 50 - 60 km/h bergab. Ein ums andere Mal bewundere ich Ulrike, die nie abstieg, alles im Sitzen meisterte, nie klagte und auch noch mit 64 km/h down-hill Meisterin wurde...

Lectoure, Straßenkreuz

Tageskm: 111
Durchschnitt: 17,84 km/h

Streckenverlauf:
Pommevic - N 113 - über die Brücke links, Espalais - Auvillar - D 88, D 953 Flamarens - Miradoux - D 23 - Castel-Arrouy - Lectoure - D 7 - Condom - D 15 Richtung Montreal, ca. 8,5 km links ab, D 254 - Lauraët - D 254 bis D 29, links - Bis D 931, rechts - Eauze - D 931 - Manciet N 124 - ca 1 km hinter Manciet geradeaus! - Nogaro
Karten: Serie verte, Blatt 57 und 63

25. Tag 18.8.
Nogaro - Maslacq

Wir starten spät, es ist fast 9:00 Uhr. Am Ortsausgang von Nogaro geht Ulrike noch schnell in eine Kirche, um eine Kerze beim hl. Jakobus anzuzünden, man weiß ja nie, und wir möchten ihn ja bei Laune halten. Die Strecke läßt sich leichter fahren, wir trinken unseren ersten Kaffee gleich hinter der breiten Flußbrücke in Aire-sur-l'Adour. Es ist noch angenehm kühl, ein sonniger Tag.

Am Ortsausgang passieren wir ein Schild mit dem Hinweis: „Santiago 946 km", phantastisch, wir haben den Eindruck, daß es gleich leichter läuft. Wir fahren durch welliges Gelände mit kleinen Siedlungen. Geaune, Pimbo, Arzacq, die Namen der Dörfer bleiben nicht haften. Wir müssen die Karte jetzt häufiger zu Rate ziehen. Die Landschaft ist nicht so ansprechend wie die Tage zuvor. Viele Maisfelder, manchmal fahren wir wie durch Hohlwege. Nur noch kleine Holzschilder weisen den Weg, Ulrikes Adleraugen sind gefragt. Doch wir finden ganz gut unseren Weg. Jetzt sehen wir auch häufiger Fußpilger, die meisten tragen riesige Rucksäcke, gehen mit zügigen, ausgreifenden Schritten. Wir haben Hochachtung vor den Leistungen dieser Pilger und schätzen deren Anstrengungen höher als unsere eigenen ein.

Die Straße ist so schmal, daß wir einen vor uns fahrenden Trecker nicht überholen können. Wir rollen, nebeneinander fahrend, eine Weile hinterher. Wir wollen ohnehin eine Pause einlegen. Wir finden eine schattige Steinbank und gönnen uns noch eine Rast, bevor wir wieder auf einer breiten Straße mit Kurs auf Arthez-de-Béarn fahren müssen. Mühsam quälen wir uns die letzte Steigung hoch, fallen vor einer einfachen Kneipe in feudale Teakholzstühle, genießen den Espresso und beobachten am Nebentisch den Teenagerstammtisch. Alle Herren tragen Topfrisuren, wirklich aufs Feinste gestylt, der Ort muß einen guten Friseur haben. Lässig über die Lenker ihrer Mofas gelehnt, verströmen sie Langeweile. Die Damen sitzen dicht gedrängt auf den Stühlen. Gesprochen wird wenig, wir bringen da auch keine rechte Abwechslung. Wir tanken nochmals Getränke und fahren dann mit schönem Weitblick über das Tal

Oben: Santiago, wir kommen...
Unten: Meine "Sonne" mit Sonnenblumen

des Pau abwärts, unserem Tagesziel Maslacq entgegen, das wir um 16:00 Uhr erreichen.

Bei unserem Erkundungsrundgang entdecken wir eine Palenque (Pelota) - Halle. Drei Damen und ein Herr spielen und sind bereits ordentlich durchgeschwitzt. Die Spielregeln bleiben uns im Detail unklar. Während Ulrike wieder Kettenpflege betreibt, telefoniere ich wegen der tags zuvor im Hotel vergessenen Lesebrille. Sie ist gefunden worden und wird uns nach Hause geschickt. Nachdem Ulrikes neue Brille auch schon zerbrochen ist, geht unser Brillenvorrat langsam zur Neige. Wir überlegen, ob wir künftig auch den hl. Antonius hin und wieder mit einer Kerze bedenken sollten.

Glück gehabt, erst der „Brillenschreck", dann die Freude über das Auffinden im Hotel und die problemlose Zusage, uns die Brille nach Hause zu senden, dann der Hinweis auf die „paar" Restkilometer, das sollte doch einen Armagnac wert sein! Zumindest habe ich erst einmal einen besorgt, und ich denke, den kann man sicher auch in der Scheune, mit von Fahrradketten schwarzen Händen trinken...

Tageskm: 93
Durchschnitt: 17,92 km/h

Streckenverlauf:
Nogaro - N 124 - Aire-sur-l'Adour - Geaune - Pimbo - Arzacq-Arrziguet - D 32 Martin - Larreule - D 262, D 49 - Uzan - Pomps - D 945 - Poteau de Lannes - D 946 - Arthez-de-Béarn - Bourdalat - D 275 - l'Oustalot - N 117 - rechts, ca 1 km, links, - Maslacq
Karten: Serie verte, Blatt 63 und 69

26. Tag 19.8.
Maslacq - St.-Jean-Pied-de-Port

Kurz nach 8:00 Uhr sind wir gestartet, unser Ziel haben wir um 14:30 Uhr erreicht. Es war keine leichte Strecke, das Wetter war auch nicht berauschend, aber immerhin, ich kann morgen wieder in „blau" starten.

Hinter St.-Palais fahren wir zur Stele von Gibraltar, wir möchten diesen Platz auf uns einwirken lassen. Hier vereinigen sich drei der vier durch Frankreich führenden Hauptwege nach Santiago. Neue, moderne Schilder weisen zweisprachig, auch baskisch, den Weg.

Die schmucklose Stele ist uns von Fotos bekannt. Wir sind allein, blicken uns um, nichts Großartiges. Wohn- und/ oder Wochenendhäuser in der Nachbarschaft, auch noch ein landwirtschaftliches Anwesen, alles ziemlich ungepflegt. Die Stele ist eher unscheinbar, grau in grau. Wir sehen wie sich der Weg nach St-Jean-Pied-de-Port über einen Höhenrücken verliert, versuchen uns zurückzuversetzen, wieviel Menschen haben hier gerastet, ehe sie weiterzogen. Ein Anrainer fährt mit seinem Landrover vorbei, unsere Gedanken reißen ab, ehe sie richtig begonnen haben. Wir schwingen uns wieder in die Sättel, sausen bergab, Meditation ist eben nicht unsere Stärke. Der Verkehr nimmt zu.

Wir erreichen unser Hotel. Es liegt innerhalb der mittelalterlichen Befestigungsmauer. Wir schieben unsere Räder durch ein Gewimmel von Touristen und stürzen uns kurz darauf auch in

Hinweisschilder in französisch und baskisch

Der "Stein von Gibraltar", hier treffen die von Tours, Vézelay und Le Puy kommenden Jakobswege zusammen.

das Gewusel. Das Städtchen ist überlaufen. Eine einzige Drosselgasse. Wir fragen uns, wo die Besucher über Nacht bleiben. Wir bringen nochmals eine Sendung Landkarten und Filme zur Post. Dann versuche ich telefonisch in Pamplona ein Zimmer zu buchen und erlebe eine böse Überraschung. Erst beim fünften Anruf gelingt es. Eine weitere Übernachtung zu buchen scheint aussichtslos zu sein, genervt geben wir auf, hoffentlich ist dies kein schlechtes Omen. Von unserem Hotelfenster haben wir einen schönen Blick auf die Pyrenäen, leider sieht das Wetter gar nicht gut aus, Nebel kommt auf. Das Stimmengewirr läßt nach, es wird ruhig, obwohl auch noch um 22:00 Uhr Besucher auf der Befestigungsmauer herumkraxeln.

Morgen werden wir Frankreich verlassen. Wir haben uns ausgesprochen wohl gefühlt, der Beginn einer neuen Liebe? ...

Tageskm: 80
Durchschnitt: 17,93 km/h

Streckenverlauf:
Maslacq - D 275, D 110 - Sávelade - Méritein - Navarrenx - D 115 - Nabas - D 115 - Aroue - St-Palais - D 302 - Uhart-Mixe - D 933 - St-Jean-Pied-de-Port
Karte: Serie verte, Blatt 69

27. Tag 20.8.
St.-Jean-Pied-de-Port - Pamplona

Ein nebliger, trüber Tag begrüßt uns. Wir starten um 8:15 Uhr. Ein bißchen Bammel haben wir schon vor dem Ibañeta-Paß. Ca. 900 Höhenmeter ist ja kein Pappenstiel. Wir versprechen uns gegenseitig langsam zu fahren und uns nicht zu überfordern. Es ist kühl, der Nebel läßt die Sonne nicht durch, aber wir können uns ganz gemütlich einrollen. Nach einer halben Stunde haben wir Arneguy und damit die Grenze nach Spanien erreicht. Wir halten, wollen noch etwas für unsere letzten FF kaufen, finden aber nichts. Die Grenze ist offen, keine Kontrolle, wir sehen noch nicht einmal einen Zöllner. Zwei Gefällstrecken rauben uns schon gewonnene Höhenmeter, wir warten auf die extremen Steigungen, von denen wir gelesen haben. Wie fast immer vor längeren Steigungsstrecken trennen wir uns. „Fahr langsam" ist die gegenseitige Ermahnung und zugleich der Abschiedsgruß. Ich schalte leichter, denn ich will locker bleiben, trotzdem habe ich noch viel Schaltreserven, denn ich fahre mit dem mittleren Blatt. Der Nebel wird dichter, fast ist es schon wie Regen, die Straße ist naß, aber es spritzt nicht hoch. Nur selten überholt mich ein Fahrzeug. Von der spanischen Seite dagegen kommen wohl zwanzig Lastwagen mit Heuballen. Spanien exportiert Heu, was man so alles auf einer Reise erfährt. Der Nebel ist nun so dicht, daß ich den Straßenverlauf nur nach den Geräuschen erahnen kann. Das sicher reizvolle Tal sieht man nicht. Schade diese Suppe, aber es geht fast gleich-

Pilgerkreuze auf dem Ibañeta-Paß

mäßig und gut fahrbar bergan. Die Muskeln sind warm, die nackten Arme mit feinen Tröpfchen wie bepudert. Es wird dunkel, ein Buchenwald dämpft das Licht nochmals, jetzt sieht der Nebel grau aus. Ein Wanderer kommt entgegen, ein Gruß von beiden Seiten. Plötzlich ist es still, nur die Rollgeräusche der Räder auf dem nassen Asphalt, Momente der Ruhe, bis der nächste Laster mit Motorbremse von der Passhöhe entgegenkommt. Fast erschrecke ich, als ein Hund auf der Straße steht, Häuser stehen auf der linken Straßenseite, es muß das Haus des Wächters sein, dann kann die Paßhöhe nicht mehr weit sein. Unvermittelt sehe ich das braune, schmale Schild, 1.057 Meter, Alto de Ibañeta. Fast wäre ich vorbeigefahren. Ich steige ab und entdecke erst im Umblicken auf der linken Seite die Kapelle. Sie ist geschlossen, alles ist pitschnaß. Ich ziehe mir Anorak und lange Hose an. Lege die Sachen für Ulrike bereit, mache eine „Nebelaufnahme" und warte auf Ulrike. Ein Radfahrer taucht aus dem Nebel auf, hält, wir unterhalten uns. Er will nach Portugal, Ulrike sähe gut aus, bon route. Ein Ehepaar auf Rennrädern ohne Gepäck kommt, Deutsche. Die Dame schwärmt: „Ist das nicht herrlich, so eine schöne Fahrt." Er will per Anhal-

Pamplona, Kathedrale

ter wieder zurückfahren, seinen Wagen holen. Mit einem Laster würde er aber nicht fahren, da wäre er ja mit dem Rad schneller. Ich kann mich nur mühsam zurückhalten.

Ulrike ist wenig später oben, ist guter Laune, hatte sich, gleich mir, alles viel schwerer vorgestellt. In 2,5 Stunden hatten wir den Paß bezwungen. Wir fahren langsam ab. Zum einen frieren wir trotz unserer Verpackung, zum anderen benutze ich ja seit Reims nur meine Vorderradbremse wegen des prophezeiten Zusammenbruchs meiner Hinterradfelge.

In Roncesvalles ist es zwar immer noch neblig, aber wir gehen erst einmal in der Herberge einen schönen Kaffee trinken und ein Sandwich essen. Wir können sogar mit unseren letzten FF bezahlen. Nun sind wir pleite, müssen Geld tauschen. Das klappt auch vorzüglich im ersten Dorf, wir sind erleichtert. Eine schöne Sache, diese Geldautomaten, ich könnte vor lauter Begeisterung für die Technik jeden Tag Geld abheben.

Die Sonne kommt hervor, es wird noch ein schöner Tag. Wir kehren wenige Kilometer weiter in einer kleinen Kneipe ein, die Familie ißt gerade, daher müssen wir ein paar Minuten warten. Wir bestellen einen Salat, er schmeckt uns köstlich. Ein weiterer Radpilger kehrt ein. In leichter Fahrt erreichen wir Pamplona und finden unser Hotel, dank der Auskunft eines Herrn, auf Anhieb. Mit dem Zimmer sind wir sehr zufrieden, jetzt müssen wir noch die nächsten Hotels buchen. Die Damen an der Rezeption wollen helfen, es sollte kein Problem sein, sagen sie.

Wir versuchen aus dem Fernsehen Nachrichten über das furchtbare Erdbeben in der Türkei zu erfahren. Ulrike pflegt wieder die Räder. Einer der Vorderradgepäckträger ist angebrochen, bei der Passfahrt hatte ich ein neues Geräusch gehört. Dank zweier Plastikschnüre habe ich die Bruchstelle einigermaßen fixieren können. Wird es halten...?

Tageskm:	78
Durchschnitt:	16,92 km/h

Streckenverlauf:
St.-Jean-Pied-de-Port D 933 - Arneguy - C 135- Pamplona
Karte und Reiseführer für den gesamten nun folgenden Weg: Praktischer Pilgerführer, Der Jakobsweg von M. B. Lozano, Everest Verlag

28. Tag 21.8.
Pamplona - Irache/Estella

Wieder haben wir unwahrscheinliches Glück. Die nette Dame an der Rezeption tippt sich die Finger wund, um ein Hotelzimmer für uns zu buchen. Irgendwann hat sie auch ein Quartier in über 100 km Entfernung gefunden. So wollen wir den Camino allerdings nicht herunterreißen. Schließlich schlägt sie mir vor, ein in der Nähe gelegenes Reisebüro aufzusuchen. Mehr widerwillig ging ich die wenigen Meter zu dem Büro im gleichen Haus. Sehr schnell stellt sich heraus, daß der Reisebürokaufmann gut deutsch spricht und mir anbietet, das Gespräch in deutsch zu führen. Pablo, ein Baske, mit einem alten baskischen Namen, wie er uns sagte, hatte 3,5 Jahre in Schwäbisch Hall gelebt. „Auf diese Schweine können sie hauen", sagt er mir, wir

Puente la Reina, Brücke über den Arga

verstehen uns sofort. Mit der deutschen Lebensart und ihrem Umgang gegenüber Fremden und untereinander ist er nicht zurechtgekommen, auch seine Freunde aus vielen Nationen nicht. Er möchte auch nicht mehr nach Deutschland zurück. Sein Resümee: „Deutschland mag für die Deutschen gut sein, aber höflich könnten sie trotzdem sein." Im Kern sicher eine berechtigte Backpfeife. Er berichtet von einem Test zweier Spanier, die sich in Deutschland so aufgeführt hätten, wie dies üblicherweise Deutsche in Spanien täten. Das heißt also, in Kleidung und Gebaren auffällig und laut. Die Spanier hätten mit ihrem Auftreten aber große Schwierigkeiten bekommen, wären u. a. aus dem Kölner Dom geworfen worden etc. Die Bildzeitung, nicht die beste Zeitung, wie er betont, habe darüber berichtet. So nebenbei telefoniert er. Unzählige Gespräche, aber doch auch mit Erfolg. Zunächst erhalten wir das Okay in einem Hotel, bei dem ich schon vergeblich anfragte und das auch von der Rezeption angerufen worden war. Unter dem Eindruck, der enormen Schwierigkeiten, Zimmer zu reservieren, lassen wir alle Hotels bis incl. Santiago vorbuchen. Uns lagen ja die Nerven blank und wir hätten die Buchungen nie zu Stande gebracht. Wir registrieren, wie er oft nach Telefonaten, auf lokale Empfehlungen zurückgreifen kann, Quellen, die uns ja nicht zur Verfügung gestanden hätten. Ich hatte zwischenzeitlich Ulrike angerufen, wir sitzen zu dritt im Büro, lachen viel und haben noch einen netten Nachmittag. Zwar war damit unsere Stadtbesichtigung ausgefallen, aber der Reisefortgang gesichert. Wir zahlen übrigens nur lächerliche 3, - DM je Vermittlung. Die Flüge lassen wir auch gleich umbuchen, die Tickets können wir noch am gleichen Abend in einem anderen Reisebüro abholen. Am anderen Morgen erhalten wir die Hotelunterlagen, fein aufgelistet mit Telefonnummern, Ansprechpartnern, Preisen, Adressen, einfach perfekt. Um 11:00 Uhr können wir mehr als erleichtert starten.

Wir haben uns entschieden, nicht bis zum „Ende der Welt" zu fahren, so wie uns die Tour bisher gefallen hat, können wir dies durchaus noch bei einer weiteren Reise nachholen. Die heutige

Auf dem Camino hinter Puente la Reina
"Das hatte ich mir einfacher vorgestellt"
"Belohnung" am Weinbrunnen in Irache

FUENTE DE IRACHE
CAMINO DE SANTIAGO

Tour ist nicht ganz ohne Schwierigkeiten. Wir versuchen immer wieder auf Nebenstraßen, respektive den Camino, auszuweichen, aber regelmäßig können wir dort nur kurze Wegstrecken fahren. Einmal wird der Feldweg zur Berg- und Talbahn, ein echter Single-track, auch ohne Gepäck stellenweise nur schiebend zu bewältigen. Wir müssen also wieder zurück. Andererseits herrscht auf der Nationalstraße ein wahnsinniger Verkehr, so daß einem schon angst und bang werden kann. Allein die Lärmentwicklung empfinden wir als bedrohlich. Uns haben heute mit Sicherheit mehr Fahrzeuge überholt und sind uns entgegen gekommen, als während unserer über dreiwöchigen Fahrten durch Frankreich. Besonders der Schwerlastverkehr ist unangenehm.

Wir haben wieder ein ruhiges und sehr komfortables Zimmer erhalten und gingen in der schönen Abendstimmung noch ein wenig auf Wanderschaft. Leider waren wir sehr spät, so daß wir nur noch kurz in das Kloster von Irache schlüpfen konnten. Noch im Kreuzgang werden wir in absolut unfeiner, besser überaus rüder Manier von einem Priester wieder aus dem Haus gescheucht. Bei unserem Eintritt ist uns eine Taufgesellschaft entgegengekommen. Die Kirche soll wohl geschlossen werden, aber dazu hätte es nicht dieses aggressiven Wedeln mit Kerze und Talar bedurft. Wir sind schließlich ordentlich angezogen und ganz offensichtlich kein Gesindel. Na, so ist eben bisweilen das Bodenpersonal.

Unseren Kummer müssen wir zwar nicht ertränken, aber den Gratiswein aus der Fuente del Vino, wenige Meter weiter, haben wir dennoch probiert. Zu gerne hätte ich erfahren, wieviel Wein im Jahresmittel gratis abgeben wird. Die Abgabe ist, soweit wir dies feststellen konnten, unbegrenzt. Zwei kleine Steinkrüge liegen bereit, man kann sowohl Wasser als auch Rotwein zapfen, und zwar keinen schlechten...

Tageskm:	54
Durchschnitt:	16,01 km/h

Streckenverlauf:
Pamplona - N 111 - Puente la Reina - N 111 - Estella - Irache

29. Tag 22.8.
Irache/Estella - Nájera

Wieder ein sonniger Tag. Der Camino erweist sich als unbefahrbar, zumindest mit unseren schwer bepackten MTB's. Zwar sind wir wieder einige Wegstücke gefahren, allerdings war dies nur mit äußerster Konzentration und in langsamster Fahrt möglich. Wir haben die Versuche abgebrochen, denn wir befürchten sonst Schäden an unseren Rädern. Zudem ist es auf Dauer zu anstrengend und zeitraubend. Die Alternative heißt National-

Oben: Los Arcos, eine Ehrenrunde durch die Stierkampfarena
Unten: "Tapas" einmal quer...

straße und damit viel Verkehr. Heute ist aber nur dünner Sonntagsverkehr, so daß es einigermaßen geht. Schade, das hatten wir uns schöner, ja romantisch vorgestellt.

Wenn wir unterwegs in eine der vielen Tapa-Bars einkehren verwöhnen wir uns jetzt regelmäßig mit kleinen Leckereien, den sog. Tapas. Genau das Richtige für uns.

Die Landschaft ist nicht so beeindruckend. Die abgeernteten Felder sind braun und staubig. Wenig fürs Auge. Gegen 15:00 Uhr erreichen wir unser Hotel und erhalten wieder ein schönes Zimmer. Unsere Räder haben diesmal im Festsaal des Hotels ihren Platz gefunden. Wir ruhen ein wenig aus, sind doch etwas schlaff von der Hitze. Erledigen unsere kleinen Pflichten. Was haben wir gesehen, was wollen wir uns noch ansehen. Unsere diesbezüglichen Unterlagen schrumpfen täglich. Wir haben nur Fotokopien mitgenommen, so daß wir diese entsprechend unserem Reisefortschritt fortwerfen können. Wir raffen uns auf, durchstreifen die Altstadt, noch ist es bullig heiß, nur wenige Menschen sind auf den Straßen und Plätzen zu sehen, die Lokale sind so gut wie leer. Erst jetzt, nach 21:00 Uhr, belebt sich die Promenade vor unserem Fenster. Krethi und Plethi sind unterwegs, Geschnatter, Kinderstimmen, wie auf dem Jahrmarkt, die Temperatur ist nun angenehm. Da werden wir wohl noch auf einen Drink hinuntergehen müssen... Wir sitzen entspannt unter Platanen, in einem Jugendstilpavillon spielen drei kleine Jungen mit ihren Spielzeugautos. Größere Kinder fahren mit ihren Rädern kreuz und quer, probieren die Bremsen aus. Ein paar kleine Mädchen kommen, mit Müllsäcken verkleidet, um an einem Wasserspeier zu trinken, sie scheinen weiter hinten im Park ein Spiel aufzuführen. Einige Damen promenieren fein herausgeputzt auf und ab. Hinter uns quillt ein mit Jugendlichen besetztes Lokal aus den Nähten. Die Musik dröhnt, wie bei uns. Nur schwer können wir uns entschließen zu gehen, hier möchten wir ewig oder wenigstens täglich sitzen...

Tageskm: 75
Durchschnitt: 19,76 km/h

Streckenverlauf:
Irache - N 111 Los Arcos - Viana - Logroño - N 120 - Navarrete - Nájera

Nájera, Detail aus dem "Kreuzgang der Ritter"

30. Tag 23.8.
Nájera - Burgos

Als wir um 6:30 Uhr verschlafen aus dem Fenster sehen ist es noch stockdunkel. Als wir eine Stunde später um 7:30 Uhr starten, ist es dagegen schon taghell. Ein blauer, wolkenloser Himmel und bitterkalt. Vom Hotel weg müssen wir eine leichte Steigung hochtreten, die Knie schmerzen, wir benötigen einige Kilometer, um in den runden Tritt zu kommen. Doch dann geht es um so besser die Kilometer laufen nur so unter unseren Rädern durch, so daß wir noch vor Beginn der Hitze in Belorado zu unserer Frühstückspause einkehren können. Wir haben uns vor einer Kneipe am Marktplatz unter den Arkaden niedergelassen und beobachten, wie die Marktstände aufgebaut werden. Ohne jegliche Hast werden Rohre ineinander geschoben,

Oben: Eines der zahllosen Camps am Camino
Rechts oben: Burgos, die alles überragende Kathedrale
Rechts unten: Burgos, Santa Maria-Bogen

Tische aufgebaut, und so nach und nach werden die Waren darauf gepackt. Von einem Bäcker um die Ecke kommen viele Käufer geschlendert. Alles wirkt noch sehr verschlafen. Auch wir lassen uns Zeit. Wir stellen fest, daß sehr viele Zigeuner im Ort zu leben scheinen. Wie viele Völker sich wohl am Camino vermischt haben, wie viele Pilger eine neue Heimat gefunden haben?

Die Passhöhe Puerta de la Predaja mit 1.150 m ist schnell und problemlos überfahren, wir können wieder eine lange Abfahrt genießen. In Zalduendo, einem kleinen Ort, füllen wir nochmals unsere Trinkvorräte auf. Wir haben uns auf eine Bank gesetzt und dabei ein Wirtshausschild gesehen. Die dazu gehörende Kneipe ist aber eigentlich nicht mehr in Betrieb und dient jetzt der Familie als Wohnraum. Die Theke steht aber noch im ehemaligen Gastraum, und in einem Regal dahinter entdecke ich auch einige Fruchtsäfte. Folglich bestelle ich und bekomme auch, was ich will und zwar zu ganz zivilen Preisen. Es macht nichts, wenn man sich unbewußt falsch oder vielleicht tolpatschig verhält. Die Menschen sind so überaus freundlich, herzensgut kann man sicher sagen, wir erfahren das jeden Tag. Die ehemalige Wirtin erzählt uns denn auch gleich, ohne Punkt und Komma, was wir nur in Auszügen verstehen, wir staunen immer wieder, wie schnell die Spanier sprechen. Außer der Kneipengeschichte verstehen wir noch, daß sie vom Camino als dem „Camino del Fiesta" spricht, nach unseren eigenen Eindrücken nicht ganz unberechtigt. Zumindest ein Geldsegen geht sicher wie ein warmer Regen über der gesamten Region nieder, aber die kann den auch gebrauchen.

Burgos fasziniert uns und wir sind froh, daß wir uns doch noch ein wenig an verschiedene Sehenswürdigkeiten erinnern können. 1972 waren wir mit unserem roten Opel GT hier, wie sich doch die Zeiten ändern (und wir)...

Tageskm: 90
Durchschnitt: 18.66 km/h

Streckenverlauf:
Nájera - N 120 - Santo Domingo de la Calzada - Belorado - Villafranca Montes de Oca - Burgos

31. Tag 24.8.
Burgos - Frómista

Wir starten um 8:00 Uhr und können sogar auf einigen Kilometern einen Radweg nutzen. Dann müssen wir wieder auf die ungeliebte Sausewindstraße zurück, die N 120. Etwas abseits von der Straße suchen und finden wir, in einem kleinen Dorf, einen Rastplatz für unser Frühstück. Zuvor sind wir über eine malerische alte Steinbrücke gefahren, über die wir nun blicken können. Ebenfalls im Blick haben wir einen alten Mann der krumme Baumstämme aus einer Garage herausschleift und wie Soldaten in Reihe und Glied an die Außenwand aufstellt. Erst denken wir, daß die Stämme dort noch trocknen sollen, aber dann stellt er noch einen Sägebock auf. Kurz darauf kommt sein wohl ebenso alter Kumpel herangeschlendert. Wir denken nun, daß sie mit einer Handsäge zu sägen beginnen würden, aber da hatten wir uns gründlich getäuscht. Eine Motorsäge kommt zum Vorschein, die Ruhe ist dahin und auch unser Bild von der schönen alten Zeit. Wir machen uns wieder auf den Weg.

Da wir aus Gewichtsgründen nur Fotokopien eines Reiseführers bei uns haben und dessen Kartenmaterial nicht alle Straßen enthält, müssen wir wohl ein wenig aus der Richtung geraten sein. Zwar hatten wir noch im Ort gefragt ob wir auf dem richtigen Weg seien, sogar noch einen Polizisten angesprochen, die Auskünfte waren gleich, also fuhren wir, trotz Bedenken, weiter auf der N 120. Nach einigen Kilometern halten wir in einem Kaff, um im Schatten eines Hauses etwas zu rasten und zu trinken. Wir haben einen Balken, auf zwei Steine gelegt, gesehen und der lädt uns ein, die Glieder etwas zu strecken und doch nochmals in die Karte zu sehen. Irgendwie passen die Kilometer nicht in mein Schema, wir haben plötzlich ca. 20 km mehr zu fahren, etwas stimmt nicht, aber was sollen wir tun, wir haben keine Landkarte. Doch dann kommt Anna.

Anna ist es, die uns wieder auf den rechten Weg bringt. Sie sieht uns im Schatten des Hauses sitzen und kommt geradewegs mit ihrem Schäferhundmischling, quer über die Wiese, auf uns zu und setzt sich einfach neben uns. Wir sind ein wenig perplex, aber Anna spricht uns freundlich an und wir versuchen zu antworten. Wir kommunizieren, so gut es geht, in unseren unterschiedlichen, nicht kompatiblen Sprachen miteinander und ver-

Oben: Einsam auf weiter Flur...
Unten: Anna mit ihrem Schäferhundmischling Erroll Flinn

stehen uns trotzdem bestens. Wir brauchen Anna auch kaum etwas zu erklären, sie scheint schon alles zu wissen. Also erklärt sie uns: Noch 40 km seien es bis Fromista über die N 120, aber die sei wegen der Laster nicht zu empfehlen. Wir könten gerade gegenüber von unserem Rastplatz über das Feld auf einer kleinen Straße fahren, sechs km, dann links, nochmals 6 km, dann käme ein Kreuz, da rechts und wir wären wieder auf dem Camino. Wir staunen. Sie malt uns eine Art Wegbeschreibung, die wir später gar nicht benötigen, da wir alles so vorfinden, wie sie es uns beschrieben hat. Während wir auf der einsamen Straße fahren, Annas Weg ist wirklich einsam, ein Trecker, ein Auto auf den ersten 7 Kilometern. Wie herrlich, wir können nebeneinander fahren und wir sprechen von Anna. So selbstverständlich und unkompliziert, wie sie auf uns zukam, sich zu uns setzte, uns ansprach, später in ihr Haus einlud, fragte, ob wir etwas zu trinken bräuchten oder müde seien, es hat uns tief berührt. Richtig realisiert haben wir das erst, als wir schon lange wieder auf dem Rad saßen. Wir hatten das Gefühl, daß wir diese Begegnung zu früh abgebrochen hatten, warum?

Anna erzählte uns auch, daß ihr Hund Erroll Flinn hieße und von Pilgern 40 km vor Santiago in einer Herberge zurückgelassen worden wäre. Im letzten Moment, wir hatten uns schon verabschiedet, machten noch ein Abschiedsfoto. Nochmals winken, Anna mit ihrem, für diese Gegend etwas ungewöhnlichen Strohhut, bleibt zurück. Wir haben das Gefühl, Anna kann uns noch lange sehen. Kein Baum, kein Strauch, nur abgeerntete Felder, wir fühlen uns einsam.

Als wir wieder auf der Pilgerstraße zurück sind, bläst uns der Wind frontal und ordentlich ins Gesicht, dazu herrscht eine wahre Gluthitze. Der Inhalt unserer in einem Dorf vorsorglich aufgefüllten Flaschen wird unangenehm warm und schmeckt abscheulich, wir dörren in der Sonnenglut, ohne dabei in dem unerbittlichen Gegenwind sonderlich zu schwitzen.

Kurz vor dem Fluß Pisuerga sehen wir uns die von Italienern hervorragend renovierte Einsicdelei San Nicolás an. Eine Italienerin bewirtschaftet sie zur Zeit unseres Besuches mit ihrem Sohn und klärt uns über die engen Beziehungen Italiens gerade zu dieser Einsiedelei auf. Mit Überquerung der malerischen, nur einen Steinwurf entfernten engen Brücke verlassen wir die Provinz Burgos zur Provinz Palencia. Statt der kalkulierten 63

km mußten wir zwar 90 Kilometer fahren, aber Annas Bekanntschaft ist uns dies mehr als wert.

Nach der Begegnung mit Anna werden wir nochmals belohnt. Denn als wir kurz nach 15:00 Uhr in unserem Hotel ankommen fragen wir ohne große Hoffnung nach einer Kleinigkeit zu essen. Ohne jegliches Aufheben werden wir in den Eßsaal gebeten und bekommen, noch in unseren Radfahrklamotten, so gegen 15:30 Uhr das Tagesmenü, bestehend aus einem super Nudelsalat, Cordon bleu mit Pommes frittes, Eis zum Nachtisch und eine große Flasche Wasser zu einem lächerlichen Preis von 15 DM pro Person. Wir waren glücklich und im wahrsten Sinne des Wortes genudelt! Wäre dies bei uns möglich und vor allem auch so unkompliziert? Wir zweifeln.

Ulrike läßt es sich wieder nicht nehmen und hat neben der täglichen Wäsche auch noch die Räder gewartet. Jetzt trinken wir und trinken, Wasser und Fruchtsäfte und heute abend werden auch noch ein paar Biere dazukommen, denn bis Santiago haben wir keine 500 km mehr...

Tageskm:	89
Durchschnitt:	18,94 km/h

Streckenverlauf:
Burgos - N 120 - Villanueva de Argaño - Olmillos de Sasamón - Villasandino - (Anna's Weg) - Arenillas de Riopisuerga - BU 400 - Castrillo de Matajudios - BU 403 - P 432 - Boadilla del Camino - Frómista

32. Tag 25.8.
Fromista - Sahagún

Nach dem wunderbaren Mittagessen können wir frisch gestärkt zur Stadtbesichtigung starten. Bereits bei unserer Ankunft sind wir an der Kirche San Martin vorbeigefahren. Sie ist weniger als hundert Meter von unserem Hotel entfernt und wir genießen vom Zimmerfenster einen schönen Blick auf das beeindruckende Bauwerk. Besonders faszinierend sind für uns die über 300 Sparrenköpfe an den Außenwänden. Einen so vielfältigen Skulpturenschmuck haben wir noch nie gesehen. Wir entdecken Menschen- und Tierdarstellungen, Fratzen und Ornamente, eine unglaubliche Vielfalt. Wir bedauern, daß wir nicht die Zeit haben, uns über die Deutungen verschiedenster Darstellungen zu informieren. Werden wir die Zeit haben oder uns nehmen, uns zu Hause damit noch einmal zu beschäftigen?

Im zwischen Kirche und Hotel gelegenen kleinen Käsemuseum sehen wir uns die ansprechend präsentierten Exponate an. Es ist wohl ein lokaler Fabrikant, der sich als Mäzen betätigte und ein ansprechendes Ambiente schuf. Wir kosten den angebotenen Käse und die Wurst bei einem Glas Wein und tragen uns auf Wunsch auch noch in das Gästebuch ein.

Nach einer guten Nacht sind wir am Morgen doch recht zerschlagen. Vielleicht ist es die Hitze des vorangegangenen Tages, wir fühlen uns jedenfalls bleiern schwer und schlaff. Ohne Sonne, auf flacher Strecke, schleppen wir uns müde und lustlos bis Sahagún.

Ulrike ist furchtbar müde, unser „Toter Punkt", wir werden ausgiebige Augenpflege betreiben.....

Tageskm:	63
Durchschnitt:	18,56 km/h

Streckenverlauf:
Fromista - Carrión de los Condes - Sahagún

Oben und Mitte: Frómista, San Martin, Sparrenköpfe an San Martin
Unten: Auf dem Camino zwischen Frómista und Sahagún

33. Tag 26.8.
Sahagún - León

Wir sind wieder fit. Als ob nichts gewesen wäre. Wir haben lange geschlafen und starten spät. Eine leichte Etappe. So gut wie topfeben. Teilweise können wir die völlig verkehrsfreie alte Trasse der N 120 nutzen, ansonsten den schön gesplitteten Weg für die Pilger. Dieser ist von einer endlosen Reihe junger Platanen gesäumt. Jetzt spenden diese noch kaum Schatten, aber in wenigen Jahren werden sie sich sehr wohltuend für die Pilger auswirken. Zu einem großen Teil werden die Bäume noch gewässert, trotzdem sind des öfteren Bäume abgestorben oder in sehr schlechtem Zustand. Kein Wunder in dieser Landschaft, es ist fast wie in der Savanne. Um hier zu leben und sich auch noch wohl zu fühlen, muß man, so denken wir, auch hier geboren sein. Ein sich endlos dehnender Horizont. Die Getreidefelder sind schon alle abgeernte, was sicher den für unsere Begriffe, trostlosen Eindruck noch verstärkt. Mit unseren Rädern kommen wir ja zügig voran, aber wir bedauern und bewundern zugleich die immer zahlreicher werdenden Wanderer. Für diese muß sich unseres Erachtens der Weg von Dorf zu Dorf endlos strecken. Möglicherweise auch ein guter Weg, um innere Einkehr zu halten. Wir machen einen kleinen Halt an der Einsiedelei Virgen de Perales und finden in ihr einen schönen volkstümlichen Altar. Ulrike spendet wieder eine Kerze. Weiter geht es, trotz Sonne, in angenehmer Kühle. Die Sonne wärmt uns den Rücken, Arme und Beine bleiben noch kühl.

Die Ausschilderung des Camino ist überall sehr gut. Nicht nur zahlreiche Schilder weisen den Weg. Auch gelbe, ohne Vorlagen oder Schablonen mit der Hand auf die Straßen, an die Bürgersteige, Wände, Masten etc. gepinselte Pfeile weisen den quasi nicht zu verfehlenden Weg. Als zusätzlichen Wegweiser entdecken wir erstmals in Mansilla de las Mulas etwa handtellergroße Messingmuscheln auf der Straße, eine schöne Idee.

Unser Hotel in Leon liegt in der Altstadt direkt am Pilgerweg. Wir brauchen nur vor die Türe zu treten und sind schon im dichten Fußgängertrubel. Die Zeit für die Besichtigungen reicht bei weitem nicht. In einem Refugio holen wir uns einen Stempel für unseren Pilgerpaß, schnuppern die Atmosphäre und sind uns einig, daß das Hotelzimmer für uns der bessere Ort für Über-

Oben: Der Altar von "La Perala"
Unten: Hallo, darf ich mal über die Schulter gucken...

León, Kathedrale San Isidoro

Messingmuscheln auf den Straßen weisen den Weg.

León, Tympanon der Kathedrale am Hauptportal. Einzug der Seligen in das Paradies, von einem Engel an der Orgel begleitet.

nachtungen ist. Bei einem Bier unter Arkaden entschließen wir uns, eines der wunderschönen Häuser zu kaufen, Tagträume. Am Abend unternehmen wir noch einen weiteren Altstadtbummel. Es ist für uns immer wieder erstaunlich, wie sehr die Städte nach 21:00 Uhr zu leben beginnen. Wir schlendern staunend herum, fragen uns, woher die Menschenmassen kommen und bleiben bei einer Stehpinte hängen, dort können wir unser Bier auf der Straße trinken und noch mehr von dem Trubel um uns her mitbekommen. Ach ja, zum Bier gibt es einen ordentlichen Berg absolut frischer und sehr salziger Pommes gratis dazu. Da haben wir einfach noch ein Bier mehr getrunken. Soviel Sünde muß sein...

Tageskm:	56
Durchschnitt:	18,83 km/h

Streckenverlauf:
Sahagún - El Burgos Raneros - Mansilla de las Mulas - León

34. Tag 27.8.
León - Rabanal

Start gegen 9:00 Uhr. Unser Weg führt uns geradewegs zum Kloster San Marcos. Die prunkvolle Fassade wird vom weichen Licht der Morgensonne beschienen. Wir können uns nicht satt sehen.

Über die Puente de San Marcos verlassen wir die Stadt und fahren wieder auf der N 120. Immer wieder hatten wir von der „Autobahn" des Camino gelesen. Auf die Strecke der letzten drei Tage trifft dies wirklich weitestgehend zu. Neben der N 120 verläuft oft, nur wenige Meter getrennt, der mit hellem Schotter bedeckte, etwa zwei Meter breite Camino und nochmals nur wenige Meter parallel dazu eine für Fahrzeuge befahrbare breitere Schotterstraße. Die Monotonie der Landschaft empfinden wir stark. Auf Wanderer, die ja mindestens die vierfache Zeit wie wir benötigen, um die gleiche Strecke zurückzulegen, wird dies in noch viel stärkerem Maße einwirken.

Um so gespannter sind wir auf Astorga. Schon von weitem sehen wir es auftauchen und müssen dann auch ganz schön hart bergauf treten, um Gaudís Palacio Episcopa, unser erstes Ziel, zu erreichen. Wir sind sicher, daß schon mancher Amerikaner das Bauwerk gerne nach Amerika verpflanzt hätte. Leider ist die Kathedrale geschlossen, dafür erhalten wir einen zweiten Pilgerausweis für die noch kommenden Stempel. Der Ausweis ist seit Frankreich voll, ein Einlageblatt haben wir ebenfalls schon gefüllt, es läppert sich so einiges an Stempeln zusammen.

Der Weg nach Rabanal wird wieder abwechslungsreicher und damit für uns interessanter. Die Landschaft belebt sich, kleine Eichenwäldchen, Heideflächen wechseln sich ab und die Strecke steigt kontinuierlich an. In Rabanal erreichen wir 1.156 Meter. Ein kleines Dorf nur, das wohl überwiegend von den Pilgern lebt. Direkt vor uns von unserem Hostalfenster blicken wir auf den Turm der romanischen kleinen Kirche. Das Besondere des Turmes ist eine Uhr mit römischem Zifferblatt, die, eingebaut in ein Ziegelhäuschen, wie ein Schwalbennest sozusagen angeklatscht wurde. In unseren Augen ein kurioser Stilbruch, aber jetzt mit Sicherheit ein Wahrzeichen des kleinen Dorfes.

Nach unseren Pflegeeinheiten sehen wir uns noch in zwei Refugien um. Viel Wäsche auf den Leinen, mehr oder weniger

Oben: Astorga, A. Gaudís neogotischer bischöflicher Palast
Links oben: León, Kloster San Marcos, "Vieiras" (Jakobsmuscheln)
Links unten: León, vor dem ehemaligen Pilgerhospital, dem heutigen Parador San Marcos. "Hallo Santiago, schönes Plätzchen hier..."

blessierte Pilger, es wird geköchelt, na ja. Wir unterhalten uns mit einer Amerikanerin, die sich für einen Monat zur Dienstleistung in eines der Refugien gemeldet hat und ihren Aufenthalt scheinbar genießt. Wanderer haben absolute Priorität, Radwanderer werden erst nach 20:00 Uhr aufgenommen. Die Übernachtung ist kostenfrei, welches wohl viele Pilger auch so annehmen, Spenden werden allerdings gerne gesehen. Ähnliches hatten uns zwei junge Studentinnen aus Deutschland erzählt, die wir bei einem Fotostopp angesprochen hatten. Diese hatten auch in der Nacht zuvor nichts bezahlt, weil auch nichts gefordert worden wäre. Für zwei Wochen hatten sie 300,- DM Ausgaben kalkuliert.

Als wir gegen 14:00 Uhr ankommen, ist es absolut kein Problem, noch das Mittagessen im Hause zu erhalten, die Küche wäre noch bis 15:30 Uhr geöffnet gewesen. Wir haben festgestellt, daß dieses, für unsere Begriffe sehr späte Mittagessen, sehr angenehm ist. Wir starten zwischen 8 - 9:00 Uhr, fahren bis ca. 10:30 Uhr, um dann in einer Bar oder einem Café etwas zu trinken und eine Kleinigkeit zu essen. Früher ist dies zumeist nur schlecht oder gar nicht möglich, da das Leben hier erst so richtig ab 10:00 Uhr erwacht. Bei unserer sog. Frühstückspause können wir dann auch schon unsere Trinkvorräte auffüllen und starten dann durch bis gegen 12/13:00 Uhr. Dann nochmals eine kleine Pause, wenn sich dies nicht ohnehin durch unsere Besichtigungen schon ergibt. Die von vielen Gaststätten, Hotels etc. angebotenen Tagesmenüs kosten im Schnitt um die 1.200 Peseten, also 15,- DM und bestehen aus zwei Gängen, einem Nachtisch, Brot, Wasser und oft auch Wein. Wir haben bisher nur gute Erfahrungen gemacht. Selbstverständlich ist die Bandbreite des Angebotenen sowohl in Quantität als auch Qualität sehr unterschiedlich.

Jetzt, nach 21:00 Uhr gehen wir noch auf einen Drink. Diesmal ist die Auswahl nicht groß, wir gehen in die Hauskneipe mit Bergdorf-Flair. Morgen wird ein harter Tag, eine echte Bergetappe, das „Dach" unserer „Tour" wartet auf uns.....

Tageskm:	69
Durchschnitt:	18,53 km/h

Streckenverlauf:
León - Villadangos - Astorga - Rabanal del Camino

35. Tag 28.8.
Rabanal - Pedrafita

Eine kurze und unruhige Nacht liegt hinter uns.

Gestern abend setzten sich noch fünf Radfahrer an unseren Tisch. Sie waren vom Bodensee in 11 Tagen mit ihren Rennrädern gekommen. Im Schnitt etwa 150 km pro Tag. Der Führer schon das dritte Mal, diesmal mit Tochter und Frau, die den Begleitbus fährt. Sie hatten Unterkunft in einem der Refugien gefunden und müssen daher um 22:00 Uhr gehen. Wir verschwinden mit einem Rest Rotwein auf unserem Zimmer, doch Ruhe finden wir nicht. Vor dem Hotel, genau unter unserem Zimmer, herrscht ein so lautes Stimmengewirr, daß es sich auch nicht durch das Schließen des Fensters ausschließen läßt. Die letzten Gäste knattern um 1:30 Uhr mit dem Moped nach Hause. Um 4:00 Uhr geht der Wecker im Nebenzimmer, der Aufbruch erfolgt dann gegen 5:00 Uhr. Wenig später hören wir auch schon die ersten Pilger aus den Refugien mit festem Tritt und klopfendem Wanderstab. Einige Pilger sind sogar mit Stirnlampe ausgerüstet, so daß wir den Eindruck einer Kerzen-

Winke, Winke am Eisenkreuz und ein Stein auf den Haufen zur Fortsetzung einer über 1000-jährigen Tradition

prozession vor unserem Fenster hatten. Die Franzosen unter den Pilgern hatten sich besonders viel zu erzählen. Wir waren also alles andere als ausgeschlafen, als wir kurz nach 7:30 Uhr auf unsere Räder stiegen. Ein wenig trockenes Brot und Käse haben wir gegessen und einen halben Liter Saft mit Wasser verdünnt im Magen. Doch welch ein herrlicher Tag bricht an. Nach ca. zwei km Fahrt kommt die Sonne hinter uns aus dem Tal aufgestiegen. Den Mond können wir dennoch einige Zeit vor uns sehen. Trotz der Morgenkühle frieren wir nicht, es geht ohne Verschnaufpause kräftig aufwärts. Wir sehen und überholen viele Fußpilger. Nach etwa 4 km treffen wir „unsere" beiden Studentinnen. Noch sind sie guten Mutes und werden es hoffentlich auch bleiben. Ob sie ihr großes Programm bewältigen werden?

Das Eiserne Kreuz hat mich doch ein wenig enttäuscht. Zum einen habe ich mir das Kreuz etwas eindrucksvoller vorgestellt. Das kleine, nur ca. 75 cm hohe Kreuz ist auf einen einem Telegrafenmast ähnelnden Stamm gepikst. Zum anderen ist dieser mit unzähligem „Müll" umbunden. Schuhe, Stoffetzen, Papierschnipsel, Puppen, Hüte etc. Es sieht unwürdig aus. Auf der gegenüber liegenden Straßenseite ist eine Art Indianercamp aufgeschlagen. Insgesamt mehr Rummel als Besinnung. Nun soll man ja traditionell einen Stein am Fuße des Kreuzes niederlegen. Die Steine, die wir sehen, sind zum großen Teil Gesteinsbrocken, die kaum jemand per pedes über eine längere Strecke transportiert haben wird. Sicher, der eine oder andere Pilger wird der Tradition folgen und dort seinen „Heimatstein" niederlegen. Wir sehen auch solche Steine. Ulrike kommt wieder problemlos und bester Stimmung auf der Höhe an. Nach einer kurzen Abfahrt, müssen wir dann nochmals kräftig in die Pedale treten, um den höchsten Punkt unserer Tour mit 1515 Metern zu überfahren. Dick vermummt, können wir eine traumhafte und fast nicht endende Abfahrt antreten, ich konsequent nur die Vorderbremse benutzend. Eine herrliche weite, grüne in

Oben: Pilger-Hinterbleibsel am Stamm des Eisenkreuz
Unten: Brombeeren sind süß, aber nicht so fotogen

der Morgensonne noch etwas dunstige Landschaft liegt unter uns. Wir fahren langsam auf dem buckeligen, schmalen Sträßchen, die Stille, die Luft und die Ausblicke genießend. In Ponferrada belohnen wir uns mit einem herrlichen Frühstück, einer gefüllten Pizza und einem großen Kaffee. Den Weg nach Villafranca del Bierzo machen wir uns auf dem Fußpilgerweg ordentlich schwer. Doch der fehlende Verkehr und die Fahrt durch die Felder und kleinen Ortschaften lohnen es. Wir kosten auch einmal ein paar Weinbeeren, fast schon süß, wir waren vielleicht 1 - 2 Wochen zu früh. Die Rebstöcke sind hier gar nicht beschnitten, überwuchern den Boden in einem sanften Auf und Ab. Ein ganz anderes Bild im Vergleich zu unseren streng ausgerichteten und beschnittenen Weinbergen.

In Villafranca stärken wir uns nochmals, wir haben noch eine Steigung von über 500 Metern vor uns und möglicherweise weitere 30 km nach der Paßhöhe. Die Straße ist schön, wir können die alte, heute so gut wie verkehrsfreie alte Nationalstraße benutzen. Unter uns ein von Steinmauern gesäumter Feldweg, ob das der alte Pilgerweg ist? Es wird viel gebaut. Über uns die neue Nationalstraße, dann noch eine Autobahn mit Tunneln und riesigen Brückenbauwerken. Wir pflücken eine handvoll Brombeeren, sie sind zuckersüß.

In Pedrafita haben wir die Paßhöhe erreicht und die Grenze nach Galizien überfahren. Wir versuchen ein Zimmer zu bekommen und haben auf Anhieb Erfolg. Ein einfaches, aber zweckmäßig eingerichtetes und relativ ruhig gelegenes Zimmer.

Wir freuen uns, denn unser gebuchtes Hotel liegt sehr weit ab. So können wir morgen früh ohne Umwege weiter auf dem Camino fahren. Jetzt um 21:00 Uhr ist es noch taghell, wir werden sehen, was wir essen können und uns dann bei einem Gläschen auf die letzten gut 150 km freuen, oder sind wir schon ein wenig schwermütig...?

Tageskm:	89
Durchschnitt:	16,25 km/h

Streckenverlauf:
Rabanal - Ponferrada - Villafranca del Bierzo - Pedrafita

36. Tag 29.8.
Pedrafita - Portomarín

Das unangenehme, helle, knirschend, knackende Geräusch im hinteren Bereich meines Fahrrades hatte mich schon sehr beunruhigt. Immer, wenn ich in Steilstücken und beim gestrigen Anstieg zur Paßhöhe nach Pedrafita auf über 1000 Meter aus dem Sattel ging, um im Wiegetritt einige hundert Meter zu fahren, traten sie auf. Zunächst glaube ich an einen Speichenbruch, aber das Hinterrad läuft nach wie vor einigermaßen rund. Dann prüfe ich alle Speichen, nichts. Am Gepäckträger ziehe ich alle Schrauben nach, auch nichts. Rüttelprobe, der Rahmen schien auch in Ordnung. Künftig vermeide ich es im Wiegetritt zu fahren oder zumindest dabei das Rad stark hin und her zu reißen. Mit Erfolg, das unangenehme Knackgeräusch tritt nur noch sporadisch auf.

El Cebreiro, Kirchturm von Santa Maria, windig und kalt auf 1300 Metern.

Portomarín, in der Altstadt

In der schönen Altstadt von Portomarín wird galizische Musik gespielt. Die Trachten der jungen Musikanten und Tänzer sind gar nicht farbenfroh, wie wir dies eigentlich erwartet hätten.

Überall flanieren Pilger, viele Busse sehen wir, eine Zeltstadt ist aufgebaut und kann sicher über hundert Pilgern Quartier bieten. Wir lassen uns treiben, essen gut und verschwinden zur Zweisamkeit auf unsere schöne Loggia...

Tageskm:	76
Durchschnitt:	17,77 km/h

Streckenverlauf:
Pedrafita - O Cebreiro - Samos - Sarria - Portomarín

37. Tag 30.8.
Portomarin - Arzúa

Ein nebliger Morgen zieht herauf, wir drehen uns nochmals um und starten spät und schweren Herzens von unserem schönen Zimmer. In der Nacht hatte uns ein streunender Hund wach gehalten. Auf seinem stundenlangen Weg mal näher, mal weiter, aber nie außer Hörweite, hatten ihm natürlich alle Hunde geantwortet.

Galicischer Getreidespeicher

Die Strecke ist hügelig, schwer zu befahren durch das viele Auf und Ab. Nach einigen Kilometern überholen wir die spanische Pilgergruppe, mit der wir schon im Hotel netten Kontakt hatten und mit der wir auch das Abendessen im gleichen Restaurant einnehmen. Großes Hallo beim Erkennen, wir erhalten einige frisch gepflückte Brombeeren, machen ein Erinnerungsfoto und weiter geht's mit bon camino.

Der Weg ist schlecht für meine Felge, dafür sind so gut wie nur Wanderer auf dem schmalen Sträßchen unterwegs. Die Wanderer zu überholen, ist übrigens gar nicht so ungefährlich. Oft wird die gesamte Breite der Straße eingenommen und mit ziemlicher Sicherheit läuft immer ein Wanderer, ohne sich

Hallo Pilgerfreund, du fährst in die falsche Richtung...

umzusehen, von rechts nach links und umgekehrt. Dem Wandern besonders förderlich scheint es zu sein den obligatorischen langen Wanderstab quer vor der Brust zu tragen. Ruft oder klingelt man, so richtet sich prompt die Spitze des Stabes auf Kopf oder Speichen, beides keine günstigen Ziele. Aber wir sind ja nicht in Zeitnot, wir versuchen die Wanderer möglichst wenig zu erschrecken und die Wanderer sind durchaus bemüht, die Strecke freizugeben. Ein freundliches „ola" von beiden Seiten und weiter geht es, wir bewundern die „Lastträger".

Zur reizvollen Landschaft kommt der intensive Geruch von Kuhhinterlassenschaften, die zu umkurven trotz unserer Schutzbleche ratsam ist. Die Felge knackt nun auch häufig beim Geradeausfahren. Ich habe ihr daher ein Angebot im Stillen gemacht. Wenn sie durchhält, werde ich sie ehrend aufheben und auch nicht mehr vom Flughafen Düsseldorf nach Brauweiler fahren. Knack, ich glaub, der Deal gilt.

Häufig sehen wir Kohlfelder, bei denen, wie bei den Tabakpflanzen, immer nur die unteren Blätter geerntet werden. So wachsen die Pflanzen bis zu etwa einem Meter und mehr hoch. Ein ungewöhnlicher Anblick. Hin und wieder haben wir in Vorgärten alte Bauernkarren gesehen. Sie werden zur Dekoration aufgestellt, wie bei uns Schubkarren, alte Wagenräder etc. Heute sehen wir noch ein Ochsengespann mit einem solchen Wagen. Der Bauer hält bereitwillig für unser Erinnerungsfoto. Besonders haben es uns die zweispeichigen, Quasi-Vollholzräder, angetan.

Unser Ziel in Arzúa erreichen wir schon um 13:30 Uhr. Ein ungünstig an der Straße gelegenes Hotel, ein Zimmer zur Rückseite ist nicht mehr frei. Während des Versuchs, eine Fiesta zu halten, quietscht ununterbrochen eine Kinderschaukel unter dem Fenster...

Tageskm:	57
Durchschnitt:	17,23 km/h

Streckenverlauf:
Portomarin - Palas de Rei - Arzúa

38. Tag 31.8.
Arzúa - Santiago de Compostela

Die letzte, nur kurze Etappe ist bewältigt, die Felge hat gehalten, wir haben Santiago erreicht.

Wir sehen wieder viele Pilger auf dem Weg. Darunter ein deutsches Ehepaar mit seinen beiden Töchtern. Sie waren uns im Vorbeifahren mit ihren schön geschnitzten Wanderstöcken aufgefallen, so daß wir hielten und gebeten hatten, ein Foto zu machen. So können wir erfahren, daß sie 300 km bis Santiago zu wandern hatten. Bis zu 40 km legten sie pro Tag zurück. Nun wollen sie per Bus zu ihrem Auto zurückkehren, um dann die

Die verzierten Wanderstöcke deutscher Pilger

restliche Rückreise anzutreten.

Vor unserer Ankunft fahren wir noch einen kleinen Abstecher zum Flugplatz und lassen uns dort unsere Flüge bestätigen. Bei der Anfahrt sehen wir kurz vor Santiago riesige Zeltlager, haben aber erneut den Eindruck, daß der große Ansturm der Pilger vorüber ist.

Unser erstes Ziel in Santiago ist natürlich die Kathedrale, die wir noch mit unseren Rädern ansteuern. Dort suchen wir sofort das in unmittelbarer Nähe gelegene Pilgerbüro auf, um unsere Pilgerurkunden zu beantragen. Wir haben Glück, es herrscht kein Andrang. Da ich sportive Gründe für die Reise angegeben hatte, muß ich dies mit dem Zusatz „spirituell" ergänzen, um

Santiago de Compostela, erster Eindruck, Andrang vor der Heiligen Pforte

Santiago de Compostela, am Ziel nach 38 Tagen und 2.744 km.

die Urkunden erhalten zu können. Nun gut, dann waren wir eben auch in diesem Sinne unterwegs. Zum Zeitpunkt unseres Besuches, erfahre ich, sind bereits ca. 150.000 Urkunden ausgestellt worden.

Wir machten die Bekanntschaft einer deutschen Radpilgerin, die uns schon Tage zuvor aufgefallen war. Während meiner Abwesenheit im Pilgerbüro erzählte sie Ulrike ihre Lebensgeschichte und noch allerlei mehr. Auch einen der Radler, die wir in Rabanal getroffen hatten, haben wir wiedergesehen. Er berichtet, daß die anderen Radler der Gruppe schon auf verschiedenen Wegen wieder abgereist seien. Es habe auch Krach gegeben. Er wäre ohnehin allein gefahren, aber einen Teilnehmer hatte die Gruppe für einen Tag verloren. Wir gehen gemeinsam essen, das war's.

Dann suchen wir erst einmal unser Hotel. Wieder sind wir sehr zufrieden. Zentral und ruhig gelegen, ein altes, sehr geschmackvoll renoviertes Haus und ein ebenso eingerichtetes Zimmer.

Nach den üblichen Reinigungsritualen - zur Feier des Tages lege ich sogar after shave auf - machten wir uns auf den ersten Rundgang. In diesem Heuhaufen treffen wir noch mehrere Pilger, denen wir schon in den letzten Tagen begegnet waren. Alle sind gelöst, wollen aber auch so schnell wie möglich nach Hause, einhellige Meinung aller: „Die Luft ist raus." Wir kaufen 50 Postkarten, schließlich müssen und wollen wir unsere Ankunft vermelden.

Ja, wir sind wirklich stolz und glücklich am Ziel zu sein. Ganz so einfach war die Tour ja doch nicht, insbesondere für Ulrike, die ich immer wieder bewundert habe. Glücklich sind wir insbesonders, weil wir die Reise ohne Unfall, ohne ein wirklich negatives Erlebnis absolviert haben. Mehrfach hatten wir sogar ausgesprochenes Glück oder einen Schutzengel, wer weiß das? .....

Tageskm:	44
Durchschnitt:	17,43 km/h

Streckenverlauf:
Arzúa - Santiago de Compostela

1.9.
Santiago de Compostela

Wir stehen spät auf, trödeln, wir müssen ja nicht aufs Rad. Gehen zum Frühstück im Hotel, das Büfett ist ärmlich, eine Enttäuschung. Am Nebentisch müssen wir das arrogante und zynische Gerede eines Herren und die devoten Einlassungen seines Partners mithören, ein widerliches Schauspiel. Wir brechen, nur mit dem Fotoapparat bewaffnet, zur Stadtbesichtigung auf. Vor der Heiligen Pforte haben sich wieder, wie schon gestern, Hunderte von Menschen in einer gewundenen Schlange aufgereiht. Wir hatten gestern abend das große Glück, kurz vor 21:30 Uhr niemanden vor der Heiligen Pforte stehen zu sehen, so daß wir noch schnell hindurch schlüpfen konnten. Wie zuvor gesehen berührten wir rechts und links an den Türbalken die eingemeißelten Steinkreuze und wurden dann über einige ausgetretene, glatte Stufen hinter die Statue des Heiligen Santiago geleitet. Den mit diesem Gang verbundenen vollkommenen Ablaß werden wir zwar nicht erhalten, aber interessant war der Weg, auch der durch die anschließenden Gewölbe schon.

Heute besuchen wir das tägliche Hochamt um 12:00 Uhr. Der Kardinal predigt, sagt auch einige Worte auf deutsch und selbstverständlich in zahlreichen anderen Sprachen. Drei Pilger dürfen in ihren Sprachen verkünden, warum sie so überaus glücklich seien, in Compostela zu sein. Der deutsche Teilnehmer ist glücklich, weil er gesund und zum dritten Mal hier sei. Die Wandlung stört in der allgemeinen Unruhe nicht sonderlich. Manche fallen auf die Knie, eine Dame eilt, weil das Handy klingelt, nach draußen und ist so rücksichtsvoll, das Handy bis zur Tür klingeln zu lassen. Sie ist aber zur Kommunion recht-

Oben: Ulrike am Hochaltar hinter der Statue des heiligen Jakobus
Unten: Elemente des alten romanischen Steinchors als Schmuck an der "Puerta Santa"

zeitig zurück. Ein kleiner Junge benutzt den Fotoapparat als Ventilator, die Mutter verbietet es zwar, aber einen Klaps bekommt er erst, als der Apparat krachend auf den Kirchenboden geflogen ist. Das folgende, anhaltende Geschrei stört mich, jedoch mindestens ein eng umschlungenes Liebespaar nicht. Die an den Seitenaltären gelagerten Rucksäcke kann ich nicht zählen, fortwährend läuft jemand vorbei. Als mich noch ein fetter Priester anrempelt, so daß ich fast auf die vor mir Sitzenden falle, es bleibt allerdings der einzige Rempler, den ich erhalte, gebe ich die Zählversuche auf. Dann wird die Heilige Kommunion ausgeteilt. Dazu werden mehrere Priester unter blauweißen Regenschirmen an verschiedene Stellen in der Kathedrale geleitet. Wir meinen zwar, daß die Schirme der Würde der Kathedrale und auch dem Sakrament nicht entsprechen, aber auffällig sind sie schon. Es herrscht ein unglaublicher Andrang, nur wenige dürften die Hostie nicht empfangen haben. Ein junger Mann fiel uns auf, weil er in dem Gewühl um den Priester leidenschaftlich und ohne Unterlaß filmte, offenbar seine Mutter und dann noch seine eigene Hand beim Hostienempfang. Ein gewisses Engagement konnte man ihm allerdings nicht absprechen, andere standen nur gelangweilt mit den Händen in den Hosentaschen herum. Dann endlich, die Hauptattraktion - man kann das bei dem zuvor Erlebten wirklich so ausdrücken -, das Weihrauchgefäß, der Botafumeiro. Wir waren ja auch hauptsächlich für dieses Erlebnis gekommen. Das Weihrauchfaß wird herabgelassen und der Weihrauch entzündet. Sofort steigen dicke weiße Wolken auf. Das silberne Gefäß soll 50 kg wiegen, was wir gerne bei der Höhe und dem Volumen glauben. Ein Mann stößt den Weihrauchkessel an, acht Männer bringen es an einem mächtigen Seil mit einer ausgeklügelten Zugtechnik in kürzester Zeit so in Schwingung, daß es tatsächlich fast bis zur Decke der Kathedrale schwingt. Der Kardinal sieht's, ich vermute gelassen, ca. 2 Meter vor sich vorbei sausen. Ein echtes Spektakel! Als das Gefäß wenig später mit einer gekonnten Drehbewegung des Fängers wieder zum Stillstand gebracht wird, bin ich versucht, Beifall zu klatschen, aber es bleibt still, allein traue ich mich nicht. Vor dem Kirchenportal steht eine Bettlerin, schweigend. Alles ist blitzsauber, viel Polizeipräsenz, wir fühlen uns wohl und schämen uns bei dem Gedanken an

Deutschland und die Domumgebung. Wir besichtigen das Pilgermuseum, sehr instruktiv, kein Eintritt, wie auch bei den anderen Ausstellungen, die wir besuchen. Der Himmel bezieht sich. Als wir auf unserem Zimmer sitzen, um bei einer Flasche Sekt den Tag zu beschließen, zieht ein ordentliches Gewitter über uns hinweg. Klar, ich habe heute die blaue Radfahrhose nicht getragen...

Durchblick...

Endlose Pilgerschlange vor der Heiligen Pforte

2.9.
Santiago de Compostela

Wenn wir gekonnt hätten, wären wir schon gestern nach Hause geflogen. Der Faden ist sozusagen gerissen, wir haben unser Ziel erreicht, auf zu neuen Ufern. Nicht, daß es nichts mehr zu sehen und zu entdecken gäbe, ganz im Gegenteil, aber wir haben das Gefühl, der Job ist erledigt, warum sollen wir die Reise quasi künstlich verlängern, und außerdem sind wir nun auch gespannt, was uns zu Hause erwartet. Folglich ziehen wir

ohne rechten Antrieb zunächst einmal über den Markt, nicht einmal mehr Käse mag und kann ich kaufen. Wir essen sehr schön zu Mittag. In der Altstadt können wir vor einem Restaurant im Schatten sitzen.

Die Bedienung ist freundlich, trotz der sicher nicht immer einfachen Kundschaft. Wir besuchen eine virtuelle Schau, finden diese sehr gut gestaltet, allerdings mehr für jüngere Leute. Ulrike entscheidet, daß ich noch zum Friseur muß, wir warten gut eine Stunde, dann erhalte ich einen exzellenten Kurzhaarschnitt, ich gefalle mir selber. Als wir um 21:00 Uhr den bestimmt 70-jährigen Friseur verlassen, wartet noch ein Kunde.

Die letzten Fotos hatten wir zuvor aus einem Park auf das Stadtpanorama mit der Kathedrale geknipst. Wir genießen den unvergeßlichen Blick auf das grandiose Bauwerk, sitzen geruhsam in einem schönen Park, beobachten einige Jogger, denken, daß wir auch hier laufen würden, lebten wir hier. Schließlich gehen wir zurück in die Stadt und trinken noch einen Kaffee vor dem Hostal de los Reyes Católicos.

Am Abend finden wir, ganz in der Nähe unseres Hotels, eine Kneipe mit schöner Terrasse. Wir sitzen in der lauen Luft, blicken über eine Talsenke, langsam wird es dunkel. Wir bestellen noch einen zweiten Weinbrand „103", der uns immer an Ottokar erinnert und erhalten ihn auf Kosten des Hauses. Ob man uns unsere Abschiedswehmut angesehen hat? Wir revanchieren uns mit einem guten Trinkgeld für die Kaffeekasse. Wir müssen uns losreißen und versuchen noch eine Mütze Schlaf zu nehmen, um 3:00 Uhr müssen wir aufstehen.....

Bei unserer nicht ernsthaft betriebenen Souvenirsuche sind wir nicht fündig geworden. Ein Buch, klar, eine CD mit galizischer Musik, okay, vielleicht noch ein typischer Kuchen um unsere Freunde zu bewirten, das war's. Hoffentlich sind unsere Dias etwas geworden. Marginalien, ich denke wir sind wunschlos glücklich, es sei denn, wir dürften uns wünschen, daß uns noch viele Jahre wie diese vergangenen Wochen vergönnt sind..

Santiago de Compostela, Kathedrale

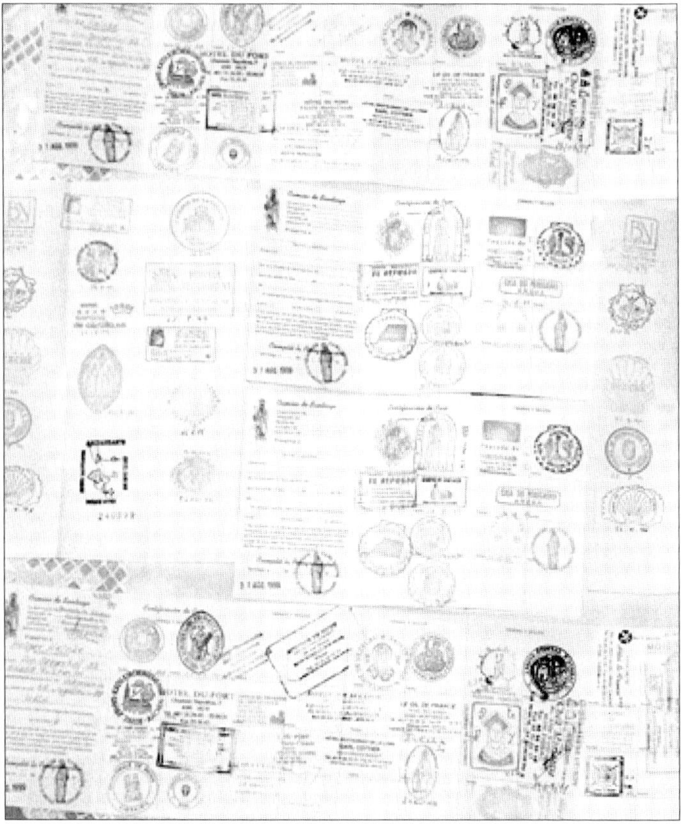

Detail aus unserer "Stempelsammlung"